Online-Wahlen

Hubertus Buchstein/Harald Neymanns
(Hrsg.)

Online-Wahlen

Springer Fachmedien Wiesbaden GmbH 2002

Gedruckt auf säurefreiem und alterungsbeständigem Papier.

Die Deutsche Bibliothek – CIP-Einheitsaufnahme
Ein Titeldatensatz für diese Publikation ist bei
Der Deutschen Bibliothek erhältlich.

ISBN 978-3-8100-3380-2   ISBN 978-3-663-10949-5 (eBook)
DOI 10.1007/978-3-663-10949-5

© 2002 Springer Fachmedien Wiesbaden
Ursprünglich erschienen bei Leske+Buderich, Opladen 2002
Das Werk einschließlich aller seiner Teile ist urheberrechtlich geschützt. Jede Verwertung außerhalb der engen Grenzen des Urheberrechtsgesetzes ist ohne Zustimmung des Verlages unzulässig und strafbar. Das gilt insbesondere für Vervielfältigungen, Übersetzungen, Mikroverfilmungen und die Einspeicherung und Verarbeitung in elektronischen Systemen.

Inhalt

Harald Neymanns und Hubertus Buchstein
Einleitung... 7

Harald Neymanns
Die Wahl der Symbole: Politische und demokratietheoretische Fragen
zu Online-Wahlen... 23

Oliver Rüß
Rechtliche Voraussetzungen und Grenzen von Online-Wahlen........... 39

Hubertus Buchstein
Online-Wahlen und das Wahlgeheimnis................................... 51

Dieter Otten
Modernisierung der Präsenzwahl durch das Internet 71

Herbert Kubicek und Martin Wind
Bundestagswahl per Computer?.. 91

Marc Mausch
Wahlen und Abstimmungen auf dem virtuellen Parteitag 113

Nico Lange
Click'n'Vote – Erste Erfahrungen mit Online-Wahlen.................... 127

Autorenangaben... 145

Harald Neymanns / Hubertus Buchstein
Einleitung

1. Das Thema

Die Tonscherbe und der Laptop sind nur zwei von vielen technischen Hilfsmitteln bei der Stimmabgabe. Doch sie sind auch mehr. Sie sind auch Elemente von jeweils umfassenderen Vorstellungen und institutionellen Reglements zum Sinn und Zweck der Stimmabgabe.

Die neueste Reform in der Technik von Wahlen und Abstimmungen ist die Online-Wahl, das Thema dieses Buches.[1] Bereits 2004 soll bei den Wahlen zum nächsten europäischen Parlament die Möglichkeit des Online-Wählens angeboten werden und auch die Bundesregierung kündigte unlängst an, dass die Bundestagswahl spätestens im Jahre 2010 elektronisch durchgeführt werden soll.

Reformen in der Technik der Abhaltung von Wahlen und Abstimmungen haben in der langen Geschichte politischer Wahlen häufig zu Veränderungen im Wahlverhalten und sogar in anderen Bereichen der auf diese Weise reformierten politischen Systeme geführt – die historischen Beispiele reichen von den Konsequenzen der Einführung des Scherbengerichts in der Antike, der offenen Stimmabgabe per Zuruf (‚viva voce') im mittelalterlichen England, der Verwendung von Kugeln und Stimmsteinen in der italienischen Renaissance, dem öffentlichen Eintrag des Votums in Wählerlisten in Preußen im 19. Jahrhundert oder der Zulassung von Wahlmaschinen in Skandinavien und den USA Mitte des letzten Jahrhunderts. Politische Wahlen sind der zentrale Mechanismus, über den sich moderne Demokratien legitimieren. Die Einführung von Online-Wahlen kann weit mehr bedeuten als nur eine eher unbedeutende technische Veränderung in der Art und Weise, wie Bürger ihr Votum abgeben.

Die Reaktionen in der breiteren Öffentlichkeit auf die Ankündigung von Online-Wahlen schwanken noch erheblich zwischen der Sorge, dass die Demokratie auf diese Weise langfristig erheblich beschädigt wird auf der einen, und der geradezu euphorischen Hoffnung auf eine Erneuerung der Demokratie mittels elektronischer Hilfe auf der anderen Seite. Angesichts des gegenwärti-

---

1 Die Herausgeber danken Steffi Krohn und Katharina Beier für ihre vielfältige Hilfe und Anregungen bei der Überarbeitung der Manuskripte und bei der technischen Herstellung des Sammelbandes für die Druckfassung.

gen Standes der technischen Entwicklung und der Diskussionen in Politik und Wissenschaft ist es ausgesprochen schwierig, die zukünftige Rolle und Bedeutung von Online-Wahlen genauer einzuschätzen. Und noch schwieriger ist es, die weiter gehenden Auswirkungen von Online-Wahlen auf moderne Demokratien abzuschätzen. Möglicherweise sind wir mit der geplanten Einführung von Online-Wahlen im Augenblick Zeugen eines politischen Experiments, das den Vergleich mit den großen Wahlreformen Ende des 19. und in der ersten Hälfte des 20. Jahrhunderts – also der Einführung der gleichen Wahl, des Frauenstimmrechts, der direkten Wahl oder der Einführung der geheimen Votenabgabe per Stimmzettel – nicht zu scheuen braucht. Und ähnlich wie damals, als diese großen Wahlreformen durchgesetzt wurden, begeben sich die Protagonisten auf einen wahlpolitischen Reformkurs, bei dem zentrale praktische Fragen noch ungeklärt und wichtige Probleme noch gar nicht erkannt sind, bei dem aber auch manche der gegenwärtigen Bedenken sich in der näheren Zukunft als völlig unbegründet erweisen können.

Die noch zu klärenden Fragen und Probleme sind vielfältig. Zu ihnen gehören unter anderem: Auf welche Weise verändern Computer den Ablauf von Wahlen? Wie sicher ist die neue Technologie vor Angriffen von außen (Hacker etc.) und Angriffen von innen (Wahlbetrug etc.)? Und selbst wenn sie sicher ist: Werden die Bürger das Vertrauen in die Sicherheit von Computerwahlen auch bei knappen Wahlresultaten bewahren? Wie teuer sind Online-Wahlen? Wer hat für die Kosten der neuen Technik aufzukommen? Wie hoch ist der Aufwand von Online-Wahlen aus Sicht der Wähler? Sind Online-Wahlen verfassungsrechtlich unbedenklich? Kann das Wahlgeheimnis bei dieser Abstimmungsform garantiert werden? Wie wirken sich Online-Wahlen auf die Wahlbeteiligung aus? Welche Gründe sollten Wähler haben, Online-Wahlen gegenüber den bisherigen Verfahren zu bevorzugen? Wie ist die Bedienbarkeit der neuen Technik aus Sicht der Wahlhelferinnen und -helfer einzuschätzen? Inwieweit vertieft oder überwindet die neue Technologie das ‚digital-divide', das heißt die Spaltung der Gesellschaft in Nutzer des Netzes und von der Nutzung Ausgeschlossener? Welche Auswirkungen haben Online-Wahlen auf zukünftige Wahlkämpfe im Netz? Fällen Wähler vor dem Bildschirm andere politische Entscheidungen als in der Wahlkabine? Welche Unterschiede gibt es zwischen Online-Wahlen zu Parlamenten und in Vereinen oder Parteien? Welche Konsequenzen haben Online-Wahlen für die seit Jahren diskutierten Forderungen nach Ausweitung von Volksabstimmungen auf Bundesebene?

Das Ziel dieses Buches ist es, wenigstens einige der aufgelisteten Fragen zu den politischen, technischen, rechtlichen, demokratietheoretischen und soziokulturellen Aspekten zum Thema Online-Wahlen so weit zu beantworten, wie es der heutige Stand der Debatte erlaubt. Unseres Erachtens ist es notwendig, dass die bislang vorrangig in Wissenschaftler- und Politikerkreisen geführte differenzierte Diskussion über Online-Wahlen aus dem Schatten der engen Fachöffentlichkeit herausgelöst und einem breiteren Publikum

Einleitung 9

zugänglich gemacht wird. Online-Wahlen betreffen nicht allein die in diesem Bereich aktiven professionellen Spezialisten in den Wahlämtern, in der IT-Branche oder der Politik- und Rechtswissenschaft. Sie betreffen in erster Linie die Bürger in ihrer Rolle als Wähler und Gewählte moderner Demokratien.

Das Buch wendet sich deshalb auch an politisch Interessierte, die sich über das aktuelle Thema Online-Wahlen näher informieren wollen. Die zweite Zielgruppe sind so genannte Multiplikatoren in Medien und Schulen, die auf unterschiedliche Weise mit der öffentlichen Debatte zu diesem Thema konfrontiert werden und sich einen Überblick verschaffen möchten. Angesprochen sind drittens diejenigen Personen, die in staatlichen Behörden, Parteien, privaten Unternehmen, Aktiengesellschaften, Universitäten, Kammern, Vereinen oder Sozialversicherungsträgern mit Wahl- und Abstimmungsfragen befasst sind.

2. Elektronische Demokratie und Online-Wahlen

Das Internet ist in den neunziger Jahren zu einer festen Größe unter den Medien der politischen Kommunikation geworden. Und die Zahl der Stimmen derer, die davon überzeugt sind, dass mit den Potenzialen dieses neuen Mediums ein entscheidender Beitrag zur Verbesserung moderner Demokratien erbracht werden kann, ist – zunächst vor allem in den USA, aber seit einigen Jahren auch in der Bundesrepublik – rapide angewachsen.

Die aktuelle Debatte über die Zukunft der Demokratie hat zwei Aspekte. Unter den Stichworten E-Government, E-Verwaltung, E-Administration geht es einerseits um die Nutzung der neuen Technologie für ein effektiveres und transparenteres Verhältnis zwischen staatlichen Verwaltungen und Bürger.[2] Unter der Überschrift E-Democracy geht es andererseits um die Chancen und Möglichkeiten der Nutzung des Netzes im politischen Verhältnis der Bürger untereinander und zu den gewählten Vertretern.[3]

Es gibt also wichtige Unterschiede zwischen den verschiedenen Formen des Einsatzes des Internets als Medium der Politik, die bei der Frage der Bewertung des Netzes nicht verwischt werden sollten. Während beim E-Government vor allem dienstleistungsorientierte Maßstäbe der Umsetzung von bereits bestehenden oder aber doch wenigstens im Kern bekannten Prozeduren im Vordergrund stehen, berühren E-Democracy-Projekte die Grundlagen unseres gesellschaftlichen und politischen Selbstverständnisses weitaus gravierender. Das soll nicht heißen, dass E-Government- oder E-Verwal-

---

2 Zu E-Government vgl. das euphorische Plädoyer von Jansen/Priddat (2001).
3 Zur amerikanischen Debatte vgl. den Überblick von Hagen (1997). Zur bundesdeutschen Debatte vgl. Gellner/von Korff (1998) und Winkel (2001).

tungsangebote unbedingt leichter zu bewerkstelligen sind. Es bedeutet nur, dass deren Qualität nach anderen – schon bekannten – Maßstäben bewertet werden kann, als dies bei Projekten der E-Democracy möglich ist. Die Maßstäbe von E-Government sind in erster Linie ihre Effektivität, ihre Bürgernähe und ihre Transparenz. Die Maßstäbe von E-Democracy hingegen ergeben sich aus dem gesamten Feld des normativen Selbstverständnisses moderner Demokratien, die in den Wahlrechtsgrundsätzen der allgemeinen, gleichen, freien, geheimen und unmittelbaren Wahl in der Bundesrepublik auch Verfassungsrang besitzen. Vor diesem Hintergrund wird seit einiger Zeit die Frage, inwieweit das Internet in seiner Funktion als politisches Diskussionsmedium diesen demokratietheoretischen Ansprüchen genügt, sehr viel kritischer diskutiert als noch vor einigen Jahren. Neuere empirische Untersuchungen zeigen, dass sich das vielfach beschworene Potenzial des Internets in der Realität seiner Anwendungen nicht wiederfindet. Denn weder fördert das Internet bisher die politische Gleichheit, noch trägt es zu einer Stärkung der politischen Informations-, Diskussions- und Aktivitätsmöglichkeiten der Bürger bei.[4] Für Online-Wahlen ist die Einhaltung der genannten normativen Maßstäbe in besonderer Weise vonnöten, denn bei Wahlen handelt es sich um die wichtigste Methode der Legitimitätserzeugung in modernen westlichen Demokratien.

Das Internet hat die Politik und die Demokratie nicht neu erfunden. Das Netz sprengt jedoch die Grenzen der bisherigen Formen politischer Kommunikation, und zwar in umfassender Weise: in den Bereichen der Information, der Diskussion, der politischen Werbung und im Bereich politischer Kampagnen. Beispiele aus der Vielfalt neuer politischer Kommunikationsvorgänge im Netz sind politische Foren und Chats, Online-Kampagnen und Proteste, virtuelle Parteizentralen, digitale Parteiorganisationen und Online-Wahlkämpfe. In allen diesen Bereichen von E-Democracy bahnen sich grundlegende Veränderungen demokratischer Politik an.[5]

Seit seiner Einführung wurde das Internet auch als potenzielles Instrument für politische Wahlen und Abstimmungen propagiert. Wahlen per Computer können als Idee sogar auf eine Tradition zurückblicken, die noch weit vor die Etablierung des Internets reicht. Denn bereits in der Science-Fiction-Literatur der fünfziger und sechziger Jahre findet sich die Vision, dass Bürger ihre politischen Entscheidungen zu Hause am eigenen Computer treffen. Die ersten praktischen Projekte stammen dann aus den frühen siebziger Jahren aus den USA, unter dem Topos ‚in-the-home voting machines'. An ihrem Beginn stand der Vorschlag des anarchistischen Theoretikers Robert P. Wolff, alle US-Fernsehgeräte mit Abstimmungsknöpfen zu versehen, um auf

---

4 Vgl. kritisch zur Eignung des Internets als Ort der politischen Diskussion Schmalz-Bruns (2001) und Hoecker (2002) mit weiteren Nachweisen.
5 Vgl. zu den verschiedenen Kommunikationsvorgängen im Netz die Beiträge in Kamps (1999), Woyke (1999), Siedschlag/Bilgeri/Lamatsch (2001) und Holznagel (2001).

Einleitung 11

diese Weise direkte Demokratie technisch leicht durchführbar zu machen. Die konkreten Umsetzungsvorhaben setzten dann aber doch mehr auf das Telefon, so etwa in den groß angelegten ‚Televoting'-Projekten in Kalifornien 1974 und auf Hawaii 1978.[6]

In Deutschland fand die erste Umsetzung solcher Vorstellungen Ende 1971 statt, als Herbert Krauch in Zusammenarbeit mit dem WDR im Dritten Programm Fernsehzuschauern im Anschluss an eine Fernsehdebatte die Möglichkeit gab, sich über Telefonleitungen an mehreren Sachabstimmungen zu beteiligen.[7] Um die Möglichkeit erweitert, aktuelle Streitfragen von Experten unter Einbeziehung des Publikums diskutieren zu lassen, findet sich diese Anwendung heute noch in zahlreichen TV-Sendungen öffentlicher und privater Sender.

Aus Sicht der Frage, inwieweit sich mit solchen Anwendungen auch ein neues Paradigma des Wählens und Abstimmens ankündigt, wurden derartige Verfahren zu Recht wegen ihrer technischen Anfälligkeit, ihrer mangelnden Repräsentativität und ihrer Tendenz zu politischem Populismus in den achtziger Jahren heftig kritisiert.[8] Als Entscheidungsmechanismus moderner Demokratien haben sie nie eine offizielle Bedeutung erlangt. Anwendung findet die Abstimmung per Telefon heute in erster Linie bei Unterhaltungssendungen im Radio und Fernsehen, um ‚Volkes Stimme' zu ermitteln. Wirklichen Eingang in konkrete praktische Überlegungen einer Reform des Wahlsystems fanden solche Vorstellungen nicht.

Auch in der Politikwissenschaft stießen solche Überlegungen auf keine positive Resonanz. Zwar wurde die politische Phantasie noch einmal in den frühen achtziger Jahren angeregt, mit Hilfe des damals propagierten ‚Zwei-Wege-Kabelfernsehens" „computergestützte Debattensysteme" (Vowe/Wersig 1983: 20) einzurichten; konkrete Vorschläge zur Durchführung von Wahlen und Abstimmungen wurden daraus jedoch nicht entwickelt. Den vereinzelt immer wieder vorgebrachten Vorschlägen, Wahlen und Abstimmungen per Telefon, BTX und später via Kabelfernsehen durchzuführen, umwehte der Hauch des Skurrilen, wenn sie nicht durchsichtigen Motiven rechtspopulistischer Politiker wie Ross Perot in den USA oder Silvio Berlusconi in Italien zugerechnet wurden.

Erst mit der rasanten technischen Entwicklung in den achtziger und der Verbreitung des Internets in der ersten Hälfte der neunziger Jahre hat sich die Skepsis in der Öffentlichkeit und offiziellen Politik gegenüber der Nutzung von Computern für Wahlen und Abstimmungen verloren. Zuerst wurde die alte Idee einer Computerdemokratie im Netz propagiert und in kleinen virtuellen Gemeinschaften auch lebhaft und erfolgreich praktiziert.[9] Dann nahmen

---

6 Vgl. Wolff (1970: 38-42), zu den Projekten Cronin (1989: 220f.).
7 Krauch (1972). Vgl. kritisch dazu Kleinsteuber (1999: 35ff.).
8 Zur Kritik der achtziger Jahre vgl. Wicklein (1981) und Abramson (1988).
9 Vgl. für diese frühe Phase die Schilderung von Rheingold (1994: 246ff.).

sich in der Phase der ersten Interneteuphorie das Fernsehen und die Printmedien dieser Idee an. Schließlich merkte auch die Fachöffentlichkeit auf.[10] Unter den variierenden Bezeichnungen ‚Online-Wahlen', ‚Internet-Wahlen', ‚E-Voting' oder ‚Cyber-Voting' hat seitdem eine Diskussion eingesetzt, bei der sich ein für die Kürze der Zeit bemerkenswerter Wandel in den dominierenden Grundanschauungen feststellen lässt. Zu Beginn der Themenkonjunktur wurden Online-Wahlen vor dem Hintergrund der Projekte aus den siebziger Jahren zumeist als negatives Schreckensbild gesehen – gerade auch von Autoren wie Claus Leggewie und Benjamin Barber, die ansonsten ausgesprochen positive Erwartungen bezüglich der demokratischen Potenziale des Netzes hatten.[11]

Heute, nur wenige Jahre später, stoßen Online-Wahlen auf eine weitaus positivere Resonanz. Im Nu hat sich auch eine professionelle Klientel etabliert, die sich zusammensetzt aus Mitarbeitern in Firmen der IT-Branche, staatlichen Wahlämtern, technischen Beratungsfirmen, Arbeitsgruppen in Ministerien, Fachlaboratorien zur Prüfung von Wahlgeräten und Messdaten, der klassischen Datenverarbeitungsbranche und Forschungsgruppen zu Telekommunikation und Internetwahlen sowie Juristen, Politikwissenschaftlern, Kommunikationswissenschaftlern und medienpolitischen Sprechern in Parteien und Verbänden. Es mag mit der Herausbildung dieser neuen professionellen Klientel zusammenhängen, dass die eher pauschalen und demokratietheoretischen Bedenken, die es noch vor fünf Jahren gab, heute einer durchgehend praktischen, zuweilen sogar ausschließlich technischen Orientierung gewichen sind.

3. Praktische Projekte und staatliche Aktivitäten

Wie sehr das Thema Online-Wahlen Politiker, Techniker und Wissenschaftler beschäftigt, zeigt ein Blick auf einige bereits durchgeführte Pilotprojekte und neu anvisierte Vorhaben. Online-Wahlen haben derzeit in mehreren Ländern Konjunktur. Unter Hochdruck wird weltweit daran gearbeitet, moderne Computertechnologien für Wahlen und Abstimmungen nutzbar zu machen. Und seit zwei Jahren wird nicht mehr nur experimentiert und theoretisiert, sondern ist es auch zu mehreren praktischen und rechtsgültigen Anwendungen gekommen.

Den Anspruch, die weltweit erste rechtsgültige Online-Wahl durchgeführt zu haben, reklamiert die ‚Forschungsgruppe Internetwahlen'[12] um Dieter Otten an der Universität Osnabrück für sich. Es handelt sich dabei um die

---

10 Vgl. vor allem den amerikanischen Sammelband Corrado/Firestone (1996).
11 Vgl. Leggewie (1997) und Barber (1997).
12 Vgl. dazu den Beitrag von Dieter Otten in diesem Band.

Einleitung 13

Wahl des Studentenparlaments an der Universität Osnabrück im Februar 2000. Im Sommer 2000 folgte in Potsdam die Simulation einer Personalratswahl per Mausklick. Weitere Pilotprojekte aus Deutschland sind die Internetwahlen zur Seniorenvertretung in der Stadt Köln, die Online-Wahlen zum Jugendgemeinderat der Stadt Fellbach im Herbst 2001 oder der Test einer Online-Landratswahl in Marburg-Biedenkopf (Hessen). Das bekannteste Beispiel aus anderen Ländern sind die Vorwahlen zu den amerikanischen Präsidentschaftswahlen im Frühjahr 2000 in Arizona. Das wohl größte Presseecho hatte die Online-Wahl zum Vorstand des Internet-Domainvergebers ICANN im Oktober 2000.[13]

Finanzielle und logistische Unterstützung erfahren derartige Projekte von den Regierungen verschiedener Staaten und der Europäischen Kommission. So fördert die Europäische Kommission in ihrem fünften Rahmenprogramm das Projekt CyberVote, in dem exemplarisch Wahlen online durchgeführt werden sollen. Die Stadt Bremen hat im Frühjahr 2001 im Rahmen eines von der EU mit € 2,4 Mio. geförderten Großprojektes zusammen mit den schwedischen und französischen Gemeinden Kista und Issy-les-Moulineaux Gelder erhalten, um in ihren Bezirken die nächste Europawahl im Jahre 2004 via Internet zu organisieren.

Die Plausibilität von Online-Wahlen ist auf europäischer Ebene, also bei den Wahlen zum Europaparlament zwar am größten; denn hier scheint die politisch gewollte Mobilität in Europa die Internetwahl geradezu zu erfordern. Um jedoch Online-Wahlen europaweit einführen zu können, müssen die verschiedenen Länder der EU erhebliche Harmonisierungen in ihren Wahlordnungen vornehmen. Augenblicklich stehen ihre Verfechter vor nicht unerheblichen Schwierigkeiten, denn hinter den jeweiligen Wahlordnungen stehen nicht einfach nur technische Regeln, sondern auch rechtspolitische Ordnungsvorstellungen, die auf grundsätzlichere Differenzen über den Stellenwert des Wahlaktes zurückzuführen sind.[14]

Derzeit ist der Diskussionsstand in Europa noch recht unterschiedlich. In Estland propagiert die Regierung die Einführung von Online-Wahlen für das Jahr 2004. Relativ weit sind auch in der Schweiz die praktischen Schritte, die in Richtung Online-Wahlen unternommen wurden. In der Schweiz wurde erst 1994 in einigen Kantonen die Briefwahl eingeführt, was zum Teil heftige Diskussionen über die Geheimhaltung auslöste. Mittlerweile liegt der Anteil der brieflich abgegebenen Stimmen in einigen Kantonen bei fast 90 Prozent. Vor diesem Hintergrund wurde im Oktober 2000 eine Arbeitsgruppe aus Vertretern verschiedener Kantone und des Bundes eingesetzt, die dem Bundesrat im Frühjahr 2002 einen Bericht über die praktischen Realisierungsschritte für die Einführung von Online-Wahlen vorlegen wird. Nach der bis-

---

13 Vgl. zu diesen und anderen bisherigen Vorhaben den Beitrag von Nico Lange in diesem Band.
14 Zu den vielfältigen Rechtsaspekten in Deutschland vgl. Tauss/Kollbeck/Fazlic (2001).

herigen Diskussion ist an ein schrittweises Vorgehen gedacht, das mit der Vereinheitlichung der Stimmregister beginnt, dann elektronische Abstimmungen und Wahlen ermöglichen soll und schließlich auch die elektronische Unterzeichnung von Referenden und Initiativen vorsieht. Der Bericht der Expertenkommission soll im Sommer/Herbst 2002 im Schweizer Parlament beraten werden.

Das Stufenmodell hat in gewisser Weise Modellcharakter auch für die Bundesrepublik Deutschland bekommen. In der Bundesrepublik bestand der erste Schritt in der Empfehlung der Enquete-Kommission des Deutschen Bundestages ‚Zukunft der Medien in Wirtschaft und Gesellschaft' im Jahre 1998, bei „Wahlvorgängen ohne konstitutive Bedeutung" – genannt wurden als Möglichkeit Wahlen zu Studentenparlamenten[15] – alternativ zur Stimmabgabe im Wahllokal oder zur Briefwahl auch die Online-Wahl möglich zu machen und auf diese Weise neue Wahltechniken auszuprobieren. Seitdem hat in der Bundesrepublik die Regierung eine ausgesprochen aktive Rolle übernommen.

Ein konkreter Schritt bestand im Frühjahr 1999 in einem angelaufenen Projekt des Bundesministeriums für Wirtschaft und Technologie, um erstmals in Deutschland die technischen Vorraussetzungen für eine Wahl über das Internet zu eruieren. Der darauf folgende Schritt erfolgte im Jahre 2000 mit der Vergabe des ersten Preises im E-Government-Wettbewerb, der unter der Schirmherrschaft des Bundesministeriums des Inneren stand, an die Simulation der Personalratswahl in Brandenburg. Im Mai 2001 verkündete Innenminister Otto Schily anlässlich des Kongresses ‚Internet – eine Chance für die Demokratie' in Berlin, dass die Stimmabgabe zur Bundestagswahl schon in wenigen Jahren online, wenn auch nur als ergänzendes Angebot einer „modernisierten Briefwahl", angeboten werden soll.[16] Der Parlamentarische Staatssekretär im Innenministerium, Fritz Körper, hat diese Möglichkeit schon für die Wahlen im Jahre 2006 angekündigt.[17]

So nimmt es nicht Wunder, dass sich mittlerweile ein festes institutionelles Netz geknüpft hat, das Online-Wahlen forcieren soll. In der Initiative D21, die von Branchengrößen der Computerindustrie und der rot-grünen Bundesregierung ins Leben gerufen wurde, beschäftigt sich seit Anfang 2000 eine Arbeitsgruppe mit Online-Wahlen und bemüht sich um einen Transfer der Ergebnisse in Verwaltung, Politik und Öffentlichkeit. Im Bundesministerium des Inneren wurde im Oktober 2000 parallel dazu ebenfalls eine ‚Arbeitsgruppe Online-Wahlen' eingerichtet, die konkret an der Umsetzung der Ankündigung von Innenminister Schily arbeitet. Herbert Kubicek und Martin

---

15 Vgl. Enquete-Kommisssion Zukunft der Medien (1998:336ff). Kritisch zur Arbeit der Kommission über Fragen der elektronischen Demokratie Kleinsteuber (1999).
16 Vgl. Schily (2001).
17 Rede des Parlamentarische Staatssekretärs im Innenministerium Fritz Körper im Deutschen Bundestag am 11. Oktober 2001.

Einleitung 15

Wind sind federführend an diesen Überlegungen beteiligt und haben ein mehrstufiges Szenario vorgelegt, an dessen möglichen Ende Bundestagswahlen online stehen.[18]

Eine Art Zwischenbilanz der bisherigen Aktivitäten wurde auf dem ‚Workshop Online-Wahlen' im Innenministerium im Dezember 2001 gezogen. Hier wurden auch die Leitlinien für die weiteren konkreten Reformschritte festgelegt. Danach verfolgt das Innenministerium nach dem Schweizer Modell ein abgestuftes Vorgehen. Zunächst ist die elektronische Stimmabgabe im Wahllokal vorgesehen, wozu – je nach konkreter Realisierung – der Online-Zugriff auf alle Wählerverzeichnisse erforderlich ist. Bereits dies bedeutet ein erhebliches organisatorisches und finanzielles Unterfangen, da die Wählerverzeichnisse in der Regie der Kommunen geführt werden und bislang ganz unterschiedlichen technischen Standards genügen. Als zweite Stufe ist die Stimmabgabe von speziellen öffentlichen Internet-Zugängen vorgesehen, bevor schließlich in einer dritten Stufe die Stimmabgabe von jedem beliebigen Internet-Zugang angeboten werden soll.

Die vielfältigen Aktivitäten für eine Einführung von Online-Wahlen in Deutschland stehen in einem auffälligen Kontrast zum bisherigen Interesse der Wähler. Aus Umfragen geht hervor, dass bei den Bürgern derzeit mehrheitlich noch große Skepsis herrscht.[19] Im Sommer 2000 meinten nur 15 Prozent der Befragten, dass Internetwahlen technisch sicher seien, über 50 Prozent zweifelten diese Sicherheit massiv an. Entsprechend gering ist gegenwärtig die Akzeptanz. Nur 26 Prozent würden Internetwahlen als Möglichkeit akzeptieren, geringfügig mehr (27 Prozent) sind massiv dagegen. Interessant ist aber auch, dass die restlichen 46 Prozent unsicher oder unentschieden sind. Wie sehr die Einstellungen der Bürger zu Online-Wahlen noch in Fluss geraten können, zeigt die Aufschlüsselung der Daten nach Altersgruppen. Während nur 12 Prozent der über 60-Jährigen die Frage nach der Abschaffung des bisherigen Wahlverfahrens durch Brief und Internet befürwortet, sind es bei den 35-bis 45-Jährigen schon 22 Prozent und bei den 18- bis 24-Jährigen sogar 45 Prozent.

Diese enormen Meinungsunterschiede zwischen der älteren und der jüngeren Generation zeigen einen erheblichen Generationskonflikt zu Online-Wahlen an. Für die Parteien ergeben sich aus diesen Befunden strategische Kalküle in ihrer zukünftigen Positionierung bezüglich weiterer Wahlrechtsreformen. So hat die bayerische CSU etwa bei den über 60-Jährigen die höchsten Stimmenanteile, zugleich ist dies die Altersgruppe mit der höchsten Wahlbeteiligung. In der CSU, die die zitierte empirische Studie in Auftrag gegeben hatte – aber für die CDU und die PDS gilt Ähnliches – beginnt deshalb auch ein Umdenken. Wenn sie vermeiden will, ihre Wählerklientel durch die Einführung neuer Wahlverfahren zu verunsichern oder gar zu ver-

---

18 Vgl. den Beitrag von Herbert Kubicek und Martin Wind in diesem Band.
19 Die folgenden Zahlenangaben stammen aus Herrmann (2001:108f.).

ärgern, wird sie zukünftig entweder mehr Überzeugungsarbeit bei ihren Stammwählern leisten oder aber von ihrer bisher offiziellen erwartungsfrohen Linie in Bezug auf Online-Wahlen abrücken müssen.

4. Online-Wahlen: Drei Unterscheidungen

Auch wenn es erste Erfahrungen mit Online-Wahlen gibt und der zukünftige Kurs festzuliegen scheint, befindet sich die derzeitige Nutzung von Computern als Abstimmungsmedium noch in einer Phase des Experimentierens, die eine ganze Reihe technischer, verfassungsrechtlicher und demokratietheoretischer Aspekte berührt. Die gerade abgeschlossenen, noch laufenden und für die nähere Zukunft avisierten Projekte unterscheiden sich bei näherer Betrachtung erheblich. Allein deshalb kann es auch keine durchgängige Antwort auf alle technischen, verfassungsrechtlichen und demokratietheoretischen Fragen an Online-Wahlen geben.

Der gemeinsame Nenner der unter der Überschrift ‚Online-Wahlen' versammelten Vorhaben besteht in der *Nutzung von Computern als Medien der Stimmabgabe und Stimmenauszählung*. In diesem allgemeinen Sinne möchten auch wir in diesem Buch ‚Online-Wahlen' verstanden wissen. Und schon auf dieser allgemeinen Ebene stellt sich eine Reihe von Fragen, die von der Sicherheit der Daten, über die Kosten der neuen Technik bis zur Akzeptanz von Online-Wahlen bei den Bürgern reichen.

Sehr viel gravierender werden die Fragen und Probleme, die sich dann ergeben, wenn Online-Wahlen weiter gehende Ziele haben. Für die Beurteilung solcher Vorhaben ist es hilfreich, die Ziele der bisherigen Online-Wahl-Projekte in dreierlei Hinsicht zu unterscheiden.

- Zum einen unterscheiden sich die Projekte darin, ob sie Online-Wahlen als zukünftige *Regelform oder als Ergänzung,* im Sinne einer zusätzlichen Möglichkeit der Stimmabgabe, vorsehen. Im angestrebten Regelfall ist schon die Bereitstellung der technischen Voraussetzungen auf Seiten der Wählerschaft ein Problemkomplex für sich. Im Ergänzungsfall stellen sich finanzielle und technische, aber auch wahlrechtliche Fragen sehr viel weniger scharf, weil reklamiert werden kann, dass es sich bei der optionalen Online-Wahl ja eigentlich nur um eine zeitgemäße Form der Briefwahl handele.
- Ein wichtiger Unterschied zwischen den bisherigen Projekten besteht zweitens darin, *auf welche Art von Wahlen* das Online-Verfahren angewendet werden soll. Die Unterschiede lassen sich am besten mit Bezug auf den rechtlichen Status der jeweiligen Wahlen beschreiben und entlang einer Skala mit den beiden Polen ‚staatlich' vs. ‚nicht staatlich' ab-

Einleitung

tragen. Auf der einen Seite stehen dann solche Wahlen, deren Reglement durch die verfassungsmäßigen Wahlgrundsätze im Kern vorgegeben ist, auf der anderen Seite solche in privaten Organisationen und Vereinen, die sich ihr Wahlreglement weitgehend selbst geben können. Zu der zuletzt genannten Gruppe gehören auch Wahlen und Abstimmungen in Firmen und Aktiengesellschaften, wie der DaimlerChrysler AG, bei der neuerdings für die Durchführung von Hauptversammlungen die elektronische Erteilung einer Vollmacht für Stimmrechtsvertreter möglich ist. In Fällen wie diesen ist die Durchführung von Online-Wahlen sehr viel einfacher, weil es weniger wahlrechtliche Hürden zu überspringen gilt.

– Drittens schließlich unterscheiden sich Online-Wahlen dahingehend, *an welchem Ort* sie durchgeführt werden sollen. Drei Grundmodelle sind derzeit in der Diskussion und praktischen Erprobung: zum einen die Stimmabgabe an einem Computer, der im Wahllokal steht, zum zweiten die Stimmabgabe von einem öffentlichen Rechner an einem öffentlich gut zugänglichen Ort wie dem Einkaufszentrum oder der Stadtbibliothek (Kiosk-System) sowie drittens die Stimmabgabe vom heimischen PC oder Handy aus (Home-Online-Voting). Im Fall der Nutzung öffentlich aufgestellter Computer handelt es sich hier eher um eine technische Weiterentwicklung von Wahlmaschinen, wie sie seit mehreren Jahrzehnten in einigen skandinavischen Ländern und den USA in den Wahlkabinen aufgestellt sind. Demgegenüber besteht das Ziel anderer Experimente darin, herauszufinden, ob und wie sich der heimische PC zukünftig für politische Wahlen eignet. Auch wenn dies in der augenblicklichen Reformdiskussion zunächst nur als Alternative zur Briefwahl gedacht sein mag, lässt sich dahinter doch die Vision einer neuen Regelform der Abstimmung deutlich erkennen. Diese zuletzt angeführte Form des Home-Online-Votings geht am weitesten über die bisherige Form der Stimmabgabe hinaus und entzündet die meisten Kontroversen.

5. Die Beiträge des Buches

Angesichts der unterschiedlichen Formen von Online-Wahlen fallen auch die bisherigen Urteile darüber, ob und inwieweit Computer für Wahlen und Abstimmungen eingesetzt werden können und sollen, unterschiedlich aus. Es gibt zwar entschiedene Befürworter und Gegner von Online-Wahlen, doch die meisten Beteiligten sind noch auf der Suche nach ihrer präzisen Position jenseits von euphorischer Befürwortung beziehungsweise pauschaler Ablehnung.

Das gilt ebenfalls für die Autoren dieses Bandes. Auch aus ihrer Sicht sind zentrale Fragen der konkreten Gestaltung und Auswirkungen von Online-Wahlen bislang noch in vielen Punkten offen. Die Auswahl der Autoren zu diesem Band folgt einem pluralistischen Verständnis. Dies gilt sowohl für ihre Rolle im Zuge der gegenwärtigen Aktivitäten zum Thema Online-Wahlen als auch was ihre Positionen zu einzelnen Fragen betrifft.

Der erste Beitrag von *Harald Neymanns* behandelt die verschiedenen politischen Aspekte von Online-Wahlen im Überblick. Zunächst geht es um die Frage, warum überhaupt Online-Wahlen eingeführt werden sollen und mit welchen Argumenten die Einführung vertreten wird. Dabei geht es aber auch um eine Gewichtung der Argumente. Ein weiterer Aspekt des Beitrags besteht in der Beschreibung und Analyse der Veränderungen, die eine Modifizierung von Wahlen mit sich bringt. Bislang, so die These, ist der Korridor der Ausgestaltung noch relativ offen, doch werden die Optionen mit fortschreitenden Experimenten sehr schnell enger werden. Umso wichtiger sei es, rechtzeitig die unterschiedlichen Maßstäbe zu nennen, die an unterschiedliche Typen von Wahlen herangetragen werden sollten. Eine Wahlform, die für die Wahl in der Aktionärsversammlung adäquat sein mag, muss nicht auch den Ansprüchen genügen, denen die Wahl zum Deutschen Bundestag gerecht werden muss.

Da nicht nur die rechtliche Zulässigkeit von Online-Wahlen umstritten, sondern auch ihre mögliche rechtliche Ausgestaltung noch weitgehend offen ist, beschäftigen sich zwei Beiträge des Bandes mit rechtlichen Fragen. *Oliver René Rüß* gibt zunächst einen grundlegenden Überblick über die wichtigsten rechtlichen Voraussetzungen und Grenzen von Online-Wahlen. Aufgrund der besonderen Bedeutung von Wahlen in der Demokratie ist es erforderlich, das neue Wahlverfahren penibel zu regeln. Sowohl aus den Wahlrechtsgrundsätzen wie auch aus den Sicherheitsanforderungen ergeben sich laut Rüß Grenzen für die Einführung von Online-Wahlen. Dort, wo Online-Wahlen durchgeführt werden können, muss eine Reihe von Rechtsvorschriften angepasst werden sowie neue Vorschriften, etwa zu Zertifizierungs- und Genehmigungsverfahren für Wahlsysteme, erlassen werden. Rüß fordert weitere Feldversuche, in denen nicht nur die Technik, sondern auch die Praktikabilität von Rechtsvorschriften überprüft werden soll.

Der Beitrag von *Hubertus Buchstein* konzentriert sich auf die verfassungsrechtlichen Wahlrechtsgrundsätze. Im Mittelpunkt steht dabei die Vision der Online-Wahl vom heimischen Computer aus. Solche Online-Wahlen werden von vielen ihrer Verfechter als modifizierte Briefwahlen präsentiert. Damit, so Buchstein, bauen sich ihre Befürworter eine argumentative Falle, denn in zwei Urteilen hat das Bundesverfassungsgericht die Briefwahl nur als gut begründete Ausnahme zur Präsenzwahl zugelassen. Bei der regulären Online-Wahl von zu Hause aus verschiebt sich die Geheimhaltungspflicht vom Staat auf die Bürger und sie ist damit rechtlich unzulässig. Angesichts dieser vertrackten rechtlichen Situation plädiert Buchstein für einen offensiveren Umgang mit der Geheimhaltungsfrage und nennt einige Argumente dafür, dass der Grundsatz der geheimen Stimmabgabe heute nicht mehr als sakrosankt angesehen werden muss.

Einleitung 19

Der Beitrag von *Dieter Otten* wertet die bisherigen Projekte seiner ‚Forschungsgruppe Internetwahlen' an der Universität Osnabrück aus und thematisiert insbesondere die Sicherheitsproblematik von Online-Wahlen. Das Ziel seiner Forschungsgruppe war es, in praktischen Experimenten zu klären, wie weit sich das Internet technisch für die Abhaltung von Wahlen eignet und welche Maßnahmen konkret ergriffen werden müssen, um eine manipulationssichere Wahl in einem offenen Netz durchzuführen. Folgt man Ottens engagierter Argumentation, dann besteht die Zukunft von Online-Wahlen weniger in der Nutzung des heimischen PCs, als in der Möglichkeit, zukünftig von jedem beliebigen Wahllokal aus seine Stimme abzugeben. Auf diese Weise wird auch die bisherige Briefwahl überflüssig, die Otten ausgesprochen kritisch sieht. Die technische Voraussetzung für das vom ihm und seiner Forschungsgruppe favorisierte Verfahren ist, dass jeder Bürger im Besitz einer identitätsgarantierenden Chipkarte ist. Um deren zügige flächendeckende Verbreitung zu erreichen, plädiert Otten für ein Umdenken in Richtung eines zukünftigen ‚Civis Digitalis'.

Anders als Otten plädieren *Herbert Kubicek* und *Martin Wind* für ein mehrstufiges Konzept auf dem Weg, Online-Wahlen zum Deutschen Bundestag zu ermöglichen, an deren Ende durchaus die Nutzung des heimischen PCs stehen könnte. Doch die Fragen, die vor einer Etablierung von Online-Wahlen – gleich auf welcher Stufe –geklärt werden müssen, sind nach Kubicek und Wind noch zahlreich. Sie reichen von Sicherheitsfragen, rechtlichen Aspekten bis zur Frage, wer eigentlich für die hohen Anfangskosten von Online-Wahlen aufkommen soll. Skeptisch sind sie insbesondere bezüglich der Frage, ob überhaupt zu erwarten ist, dass Wähler die neue Technologie für bequemer erachten als das bisherige Verfahren und bereit sind, die damit verbundenen Kosten und Mühen zu investieren. Aus solchen eher pragmatischen Gründen sind Kubicek und Wind auch skeptisch bezüglich der Einführung von Chipkarten.

Im Mittelpunkt des Beitrages von *Marc Mausch* stehen innerparteiliche Online-Wahlen. Im Dezember 2000 hielt der baden-württembergische Landesverband von Bündnis 90/Die Grünen einen virtuellen Parteitag ab, bei dem es neben der Diskussion auch Abstimmungen und Wahlen gab. Mausch skizziert die Leitideen und Bedenken im Vorfeld des virtuellen Parteitages, schildert die verwendete Technik zur Abhaltung von Wahlen und Abstimmungen und zieht eine erste Bilanz. Folgt man Mausch, so war der virtuelle Parteitag ein gelungenes Experiment. Bei den Abstimmungen und Wahlen traten allerdings so massive Probleme auf, dass keine echte Online-Wahl durchgeführt werden konnte.

In dem letzten Buchbeitrag von *Nico Lange* findet sich ein vergleichender Überblick über die wichtigsten bislang durchgeführten Pilotprojekte zu Online-Wahlen. Aus technischer Sicht stellt Lange die Frage, inwieweit sich in den untersuchten Pilotprojekten die technischen Bedenken und vermuteten Sicherheitsrisiken bestätigt haben und mit welchen Lösungsvorschlägen die

Projekte auf aufgetretene Probleme reagiert haben. In sozialwissenschaftlicher Perspektive fragt Lange danach, inwieweit sich schon empirische Aussagen darüber machen lassen und die in den bisherigen Diskussionen zumeist theoretisch entwickelten Thesen zu Vor- oder Nachteilen von Online-Wahlen zutreffen oder nicht. In der bislang unzureichenden sozialwissenschaftlichen Begleitforschung der durchgeführten Pilotprojekte sieht Lange im Augenblick das größte Forschungsdesiderat.

6. Schluss

Bei allen Unterschieden zwischen den einzelnen Beiträgen schält sich mit Bezug auf die kurzfristige Entwicklung eine Art Konsens heraus: Alle Autoren plädieren für große Vorsicht beim weiteren praktischen Vorgehen. Nicht zu übersehen ist allerdings, dass dieser Konsens brüchig ist. Denn zum einen wird die Vorsicht ganz unterschiedlich begründet, u.a. mit Blick auf Sicherheitsprobleme, die Geheimhaltung, den Bedienungskomfort, die Akzeptanz oder die Kostenfrage. Und nicht zu übersehen ist auch, dass die Plädoyers für Vorsicht taktisch ganz unterschiedlich motiviert sind. Bei den einen ist die Sorge groß, dass übereilte Schritte das Projekt Online-Wahlen frühzeitig zu Fall bringen würden. Bei anderen ist ihre Zurückhaltung von der skeptischen Sorge motiviert, dass Online-Wahlen langfristig negative Effekte auf Wahlkämpfe und die gesamte politische Kultur haben.

Um mit diesen und anderen Sorgen zukünftig vernünftig umzugehen, genügt es nicht, lediglich nach weiteren Forschungsgeldern für weitere Pilotprojekte oder deren sozialwissenschaftliche Begleitforschung zu rufen. Das geschieht sowieso und wird auch weiter geschehen, denn die professionelle Klientel hat sich längst etabliert, deren Beteiligte wissen, dass Online-Wahlen ein Thema sind, für das Regierungen, private Unternehmen und Stiftungen schon aus wirtschafts- und technologiepolitischen Gründen derzeit gern und vergleichsweise viel Geld ausgeben.

Im Zentrum der weiteren Diskussion muss neben den vielfältigen technischen und rechtlichen Aspekten auch weiterhin die Grundfrage stehen, was für einen Typus von Demokratie wir zukünftig mit unserer Art und Weise der technischen Ausgestaltung von Wahlen stärken wollen. Unhabhängig davon, ob das propagierte Ziel in der Stimmabgabe mit Chipkarte im Wahllokal oder Kiosk besteht oder ob es im Votum vom heimischen PC aus liegt – Online-Wahlverfahren werden derzeit in der Regel als eine Art politische Anwendung des E-Business konzipiert.

Dagegen mehren sich die Stimmen derjenigen, die einen Paradigmenwechsel fordern und Abstimmungsvorgänge künftig von einer diskussionsfähigen

Einleitung 21

Online-Umgebung eingerahmt sehen möchten.[20] Ob dies eine wirklich sinnvolle Option ist, mag aus guten Gründen bezweifelt werden. Denn angesichts der eingangs erwähnten negativen Befunde über die mangelnde deliberative Qualität des realen Internets[21] steht die Forderung nach einer deliberativen Wende der elektronischen Demokratie auf schwachen Füßen. Die direkte persönliche Begegnung in politischen Diskussionen und Entscheidungen mit ihren Elementen von Mimik, Gestik, Lauten und Körperhaltungen ist für argumentative und deliberative Politikprozesse möglicherweise sehr viel wichtiger, als es in der modernen Demokratietheorie gemeinhin anerkannt ist.[22]

Man kann gespannt sein, ob und inwieweit es zukünftig gelingen kann, die körperliche Dimension politischen Handelns in Online-Wahlverfahren zu integrieren. Falls es nicht gelingt – sei es aus technischen Gründen oder weil es nur nicht beabsichtigt wird – markiert der schlichte Ersatz des Stimmzettels durch den Computer einen Veränderungsschritt von Demokratien, der den Vergleich mit den eingangs genannten historischen Beispielen nicht zu scheuen braucht.

Literatur

Abramson, Jeffrey/Arterton, Christopher/Orten, Gary (1988): The Electronic Commonwealth. The Impact of New Media Technologies on Democratic Politics. New York: Basic Books.
Barber, Benjamin (1997): The New Telecommunications Technology. Endless Frontier or the End of Democracy? In: Constellations 4, 208-229.
Bieber, Christoph/Leggewie, Claus (2001): Interaktive Demokratie. Politische Online-Kommunikation und digitale Politikprozesse. In: Aus Politik und Zeitgeschichte 41/42, 37-45.
Buchstein, Hubertus (1997): Bites that Bite. The Internet and Deliberative Democracy. In: Constellations 4, 248-263.
Corrado, Anthony/Firestone, Charles M. (Hg.) (1996): Elections in Cyberspace. Toward a New Era in American Politics. Washington, D.C.: Aspen Institute.
Cronin, Thomas E. (1989): Direct Democracy. The Politics of Initiative, Referendum, and Recall. Cambridge, Mass.: Harvard University Press.
Enquete-Kommission des Bundestages Zukunft der Medien (Hg.) (1998): Deutschlands Weg in die Informationsgesellschaft. Bonn: ZV.
Gellner, Winand/Korff, Fritz von (1998): Demokratie und Internet, Baden-Baden: Nomos-Verlag.
Hagen, Martin (1997): Elektronische Demokratie. Computernetzwerke und politische Theorie in den USA. Hamburg: Lit.

---

20 Vgl. Bieber/Leggewie (2001: 43).
21 Vgl. zu dieser kritischen Sicht Buchstein (1997), Schmalz-Bruns (2001) und Hoecker (2002).
22 Diese These vertreten nachdrücklich Hurrelmann/Liebsch/Nullmeier (2002).

Herrmann, Joachim (2001): Das Internet als Medium der Aktiven Bürgergesellschaft. In: Meier-Walser, Reinhard/Harth, Thilo (Hg.): Politikwelt Internet. Neue demokratische Beteiligungschancen mit dem Internet? München: Olzog, 106-113.

Hoecker, Beate (2002): Die Suche nach dem demokratischen Bürger im digitalen Heuhaufen. In: Frankfurter Rundschau vom 8. Februar 2002, Seite 14.

Holznagel, Bernd u.a. (Hg.) (2001): Elektronische Demokratie. Bürgerbeteiligung per Internet zwischen Wissenschaft und Praxis. München: Beck.

Hurrelmann, Achim/Liebsch, Katharina/Nullmeier, Frank (2002): Wie ist argumentative Entscheidungsfindung möglich? Bedingungen der Deliberation in Versammlungen und Internetforen. Manuskript.

Jansen, Stephan A./Priddat, Birger (2001): Electronic Government. Neue Potentiale für einen modernen Staat. München: Klett-Cotta.

Kamps, Klaus (Hg.) (1999): Elektronische Demokratie? Perspektiven politischer Partizipation. Opladen: Westdeutscher Verlag.

Kleinsteuber, Hans (1999): Elektronische Demokratie. Visionen einer technischen Erneuerung des politischen Systems? In: Drossou, Olga (Hg.): Machtfragen der Informationsgesellschaft. Marburg: BdWi-Verlag, 29-45.

Krauch, Helmut (1972): Computer Demokratie. Düsseldorf: VDI.

Leggewie, Claus (1997): Netizens oder: der gut informierte Bürger. In: Transit 13, 3-25.

Meier-Walser, Reinhard/Harth, Thilo (Hg.) (2001): Politikwelt Internet. Neue demokratische Beteiligungschancen mit dem Internet? München: Olzog.

Rheingold, Howard (1994): Virtuelle Gemeinschaft. Soziale Beziehungen im Zeitalter des Computers. Bonn u.a.: Addison-Wesley.

Schily, Otto (2001): Politische Partizipation in der Informationsgesellschaft. Rede von Bundesminister Schily beim Kongress ‚Internet – eine Chance für die Demokratie' am 3. Mai 2001 in Berlin.

Schmalz-Bruns, Rainer (2001): Internet-Politik. Zum demokratischen Potenzial der neuen Informations- und Kommunikationstechnologien. In: Simonis, Georg/Martinsen, Renate/Saretzki, Thomas (Hg.): Politik und Technik. Sonderheft 31 der Politischen Vierteljahresschrift, Opladen: Westdeutscher Verlag, 108-131.

Siedschlag, Alexander/Bilgeri, Alexander/Lamatsch, Dorothea (Hg.) (2001): Elektronische Demokratie und virtuelles Regieren. Kursbuch Internet und Politik 1/2001. Opladen: Leske + Budrich.

Tauss, Jörg/Kollbeck, Johannes/Fazlic, Nermin (2001): Die Modernisierung des Informationsrechts als Reformprojekt zur elektronischen Demokratie. In: Zeitschrift für Gesetzgebung 16, 211-245.

Vowe, Gerhard/Wersig, Gernot (1983): ‚Kabel-Demokratie' – der Weg zur Informationskultur. In: Aus Politik und Zeitgeschichte 45, 15-22.

Wicklein, John (1981): Electronic Nightmare. The New Communications and Freedom. Boston: Beacon.

Winkel, Olaf (2001): Die Kontroverse um die demokratischen Potenziale der interaktiven Informationstechnologien. – Positionen und Perspektiven. In: Publizistik 46, 140-161.

Wolff, Robert P. (1970): Eine Verteidigung des Anarchismus. Wetzlar: Verlag Büchse der Pandora 1979.

Woyke, Wichard (Hg.) (1999): Internet und Demokratie, Schwalbach/Ts.: Wochenschau-Verlag.

Harald Neymanns

Die Wahl der Symbole: Politische und demokratietheoretische Fragen zu Online-Wahlen

1. Einleitung

Die Einrichtung von Online-Wahlen zu politischen Organen ist nur noch eine Frage der Zeit. Weitgehend ungeklärt ist aber, von welchem Ort wir unsere Stimme dann abgeben und wie Online-Wahlen technisch konkret gestaltet sein werden. Abgesehen von Fragen der technischen Sicherheit und rechtlichen Fixierung wird die Frage von zentraler Bedeutung sein, wie Online-Wahlen konkret ausgestaltet werden sollen. Ich möchte mit zwei kurzen Beschreibungen von Wahlvorgängen beginnen, um das mögliche Ausmaß der anstehenden Veränderungen zu verdeutlichen.

Bislang folgt der Wahltag einem gut bekannten Muster. Irgendwann im Laufe eines Sonntags – zumindest in Deutschland – gehen die Wähler an einen öffentlichen Ort in ihrer Nähe, vielleicht die Grundschule. Auf dem Weg dorthin trifft man Mitbürger und Mitbürgerinnen, die ebenfalls wählen wollen. In der Grundschule zeigt man dem Wahlvorstand oder den Helfern den Personalausweis, der mit dem Wählerverzeichnis abgeglichen wird, bekommt die Wahlunterlagen ausgehändigt und macht in der Wahlkabine die Kreuze. Punkt 18 Uhr sendet das Fernsehen die ersten Wahlprognosen, es beginnt das zuweilen ausgesprochen spannende Warten auf die ersten Hochrechnungen und nach einer Stunde werden erste Diskussionsrunden der wahrscheinlich siegreichen und -losen Kandidaten ausgestrahlt. Etwa ab 22 Uhr steht das Wahlergebnis in der Regel sicher fest. Dazwischen werden noch Bilder von den jeweiligen Wahlpartys übertragen. Der Ablauf der Wahl und des Wahlabends ist bekannt, in gewisser Weise ritualisiert und zuweilen nicht ohne einen gewissen Unterhaltungswert.

In einiger Zeit könnten das Verfahren und auch der Wahlabend deutlich anders aussehen. Auf dem Weg zur Arbeit meldet sich das Telefon. Eine kurze, automatisch versandte Nachricht erinnert daran, dass heute Wahltag ist. „Wollen Sie an der Wahl zum Landtag teilnehmen? Drücken Sie ‚ja‘, wenn Sie wählen wollen, ‚nein‘, wenn Sie nicht wählen wollen, oder ‚Info‘, um mehr Informationen zum Landtag, den Kandidaten und Parteien zu erhalten. Wenn Sie später wählen wollen, drücken Sie ‚später‘ und wählen Sie einen Erinnerungstermin." Mit einem schnellen Knopfdruck kann die Stimme abgegeben werden. Am Abend, sekundengleich mit Ablauf der Frist, werden die Endergebnisse auf das Display gesandt.

So ähnlich wie in der ersten Schilderung sieht der Wahltag heute nicht nur in kleineren Gemeinden, sondern auch in den meisten Städten aus. Der Akt der Wahl wird noch als etwas Besonderes wahrgenommen und sei es nur wegen der damit verbundenen Umstände. Auch trifft man einige seiner Nachbarn und erweist sich als guter Bürger, indem man seine Beteiligung öffentlich zeigt. Die zweite Schilderung ist Zukunftsmusik, doch schon mit heute gängigen Mobiltelefonen können die beschriebenen Grundfunktionen leicht durchgeführt werden. Mit diesem Zukunftsbild stehen wir heute möglicherweise an einem Punkt, an dem durch technologische Weiterentwicklung das politische Instrument der Wahl nachhaltig verändert wird. Welcher Weg dabei genau beschritten und wie weit er gegangen werden soll, muss öffentlich diskutiert, politisch entschieden und rechtlich entsprechend gestaltet werden.

Die politischen und demokratietheoretischen Aspekte von Online-Wahlen stehen im Mittelpunkt dieses Beitrages. Dabei geht es vor allem um die möglichen Veränderungen, die die Einführung von Online-Wahlen bringen können. Inwieweit sind solche Veränderungen eher als Chance oder Bedrohung für moderne Demokratien zu verstehen? Um diese Frage zu beantworten, werde ich zunächst auf Funktion und Symbolik von Wahlen in modernen Demokratien eingehen (2). Im Anschluss daran werde ich zur besseren Übersicht zwischen vier Arten von Online-Wahlen unterscheiden (3) und mich dann mit den Gründen und Argumenten befassen, die für die Einführung von Online-Wahlen vorgebracht werden (4). Abschließend wird es darum gehen, ein Spannungsfeld für die technologische Entwicklung in den verschiedenen gesellschaftlichen Bereichen aufzuzeigen (5).

2. Wahlen in der Demokratie: Amtsbestellung und symbolische Integration

Wahlen in Demokratien haben im Wesentlichen zwei Aufgaben: Zum einen – und vielfach ausschließlich gesehen – die Funktion der Amtsbestellung. Wahlen sind in dieser Funktion der moderne demokratische Modus der Besetzung von Ämtern – im Unterschied zum klassischen Losverfahren in der athenischen Antike oder zur Vererbung oder dem Kauf von Ämtern. In der modernen Konkurrenzdemokratie wird die siegreiche Partei oder der siegreiche Kandidat oder die Kandidatin für die Aufgabe der Regierungsbildung benannt. Diese Funktion von Wahlen wird durch die jeweilige institutionelle Ausgestaltung des politischen Systems und durch das Wahlverfahren etc. näher definiert.[1] Doch Ände-

---

1 Vgl. Powell (2000).

Die Wahl der Symbole

rungen von Wahlverfahren haben zunächst keine unmittelbare Auswirkung auf die Funktion von Wahlen als Amtsbestellungsmodus.

Zum zweiten haben Wahlen aber auch eine symbolische Funktion.[2] Die Komponenten der symbolischen Funktion von Wahlen lassen sich in *Öffentlichkeit*, *Gleichheit* und *Geschwindigkeit* unterteilen.

- Besonders gut lässt sich die symbolische Funktion der *Öffentlichkeit* in neuen Demokratien erkennen, denn dort markieren Wahlen einen sichtbaren Wendepunkt von der Diktatur zur Demokratie. Diese Veränderung ließ sich in vielen nach 1974 neu entstandenen Demokratien daran ablesen, dass die Bürger auf die Straße gingen und die Stimmabgabe mit Demonstrationen und Feiern verbanden. Die symbolische Funktion besitzen Wahlen natürlich ebenso in etablierten Demokratien: In der Öffentlichkeit der Wahl manifestiert sich die Unterstützung der Wähler und Wählerinnen für das Gesellschaftssystem *Demokratie* und der Wille zur gemeinsamen Ausgestaltung der öffentlichen Angelegenheiten.
- Im Grundsatz der *Gleichheit* zeigt sich eine zweite symbolische Dimension von Wahlen. Alle Bürgerinnen und Bürger haben am Wahltag eine Stimme, unabhängig von Herkunft, Einkommen Ausbildung etc. Diese Gleichheit und auch das Interesse an der Gestaltung der öffentlichen Angelegenheiten wird über den Gang ins Wahllokal nach außen sichtbar.[3]
- Ferner gewinnen Wahlen über die Komponente der *Geschwindigkeit* an symbolischer Bedeutung. Durch die Wahl an einem öffentlichen Ort wird der Akt der Wahl verlangsamt. Man muss vor die Tür, hat Zeit, sich Gedanken über die zu treffende Entscheidung zu machen, trifft seine Mitbürger und Mitbürgerinnen, und kann sich, um einmal republikanisch zu übertreiben, noch mal Gedanken über die beste Wahl für sich und die Gemeinschaft machen.

Als Medium der Wahl dient, in leichten Veränderungen, meist ein Wahlzettel, der gekreuzt oder gelocht werden muss, um die Stimme abzugeben. Diese „Papier"-Wahl per Stimmzettel ist den meisten Bürgern ebenso geläufig, wie sie den penibel geregelten Auszählungsverfahren vertrauen. Jedoch darf nicht vergessen werden, dass die Einführung des Stimmzettels als Ablösung der öffentlichen Wahl erstens noch nicht lange her ist – Preußen hatte bis 1918 die öffentliche Stimmabgabe per Unterschrift in eine Kandidatenliste – und zweitens zu seiner Zeit heftig umstritten war. Die Einwände gegen den Stimmzettel waren häufig technischer Natur und liefen auf die Sorge hinaus, dass sich Wahlen mit Stimmzetteln sehr viel besser fälschen ließen.[4] Eine

---

2 Zur symbolischen Dimension von politischen Institutionen generell vgl. Göhler (1999). Zur Symbolfunktion von Wahlen vgl. Katz (1997: 100ff.).
3 Vgl. Internet Policy Institute (2001: 28-30).
4 Vgl. Buchstein (2000: 579-586).

Technik, die wir heute als gut bekannt und vertrauenswürdig ansehen, wurde vor einhundert Jahren noch von vielen Kritikern mit großer Skepsis betrachtet. Konnte man bei der öffentlichen Abstimmung noch genau verfolgen, wer wie abgestimmt hat und damit das Wahlergebnis kontrollieren, so ist dies mit der geheimen Wahl unmöglich geworden. Heute müssen wir darauf vertrauen, dass die Auszählung korrekt verläuft. Detaillierte Vorschriften für die Art und Weise der Auszählung in der einschlägigen Wahlgesetzgebung und ihre prinzipielle Öffentlichkeit sollen dieses Vertrauen rechtfertigen. Bei Online-Wahlen wird diese Überprüfbarkeit weiter erschwert. Denn nun müssen die Wähler und Kandidaten sich allein auf hoch komplexe Technologien verlassen. Der Blick in die Geschichte lehrt, dass derartige Sorgen über die Sicherheit zu einem ganz erheblichen Grad Fragen der Gewöhnung sind.

3. Vier Arten von Online-Wahlen

Der Begriff Online-Wahlen deutet auf eine dezentralisierte Wahl hin, jedoch ist dies nicht zwangsläufig der Fall. Wie weit die Dezentralisierung tatsächlich geht, hängt von der konkreten Ausgestaltung von Online-Wahlen ab. Die Vorstellungen sind sehr unterschiedlich und reichen von der „eins zu eins"-Kopie des bisherigen Wahlvorgangs bis zur absoluten Mobilität bei der Wahl durch das Mobiltelefon. Je nachdem, wie weit die Veränderung im Vergleich zum bisherigen System geht, wird sich auch der Charakter und die Bedeutung von Wahlen verändern.

- @community: Die Stimmabgabe erfolgt über im Wahllokal aufgestellte Computer, die das Wahlergebnis an einen zentralen Rechner übermitteln.
- @kiosk: An öffentlichen Standorten sind Rechner aufgestellt, an denen die Stimme abgegeben werden kann.
- @home: Es wird vom heimischen Rechner aus gewählt.
- on the run: Mobile Kommunikationsgeräte, beispielsweise Mobiltelefone, können zur Stimmabgabe benutzt werden.

Ohne die Bedeutung der rechtlichen Beschränkungen herabsetzen zu wollen, die das Grundgesetz und die Rechtsprechung des Bundesverfassungsgerichts der Ausgestaltung von Wahlen auferlegen[5], ist es höchst aufschlussreich, Online-Wahlen einmal unabhängig von diesen zu betrachten, da sich die vier Arten der Online-Wahl in ihren Auswirkungen auf die Demokratie und das politische System deutlich unterscheiden.

---

5 Vgl. den Beitrag von Buchstein in diesem Band.

Die Wahl der Symbole

- Betrachtet man die erste Stufe von Online-Wahlen, so ist die Veränderung im Vergleich zum bisherigen System gering: In den Wahllokalen stehen Computer, die Stimme wird über den Bildschirm oder eine Tastatur abgegeben. Durch die Vernetzung der Rechner können sich die Wähler frei für ein Wohllokal entscheiden, und dadurch das Wahlwochenende kurzfristig und flexibel gestalten. Dass dieser Wahlmodus keine große Veränderung der Wahl darstellt, liegt auf der Hand. Der Verwaltungsaufwand wird verringert, weil die Briefwahl nicht mehr extra beantragt werden muss. Die symbolischen Funktionen der Wahl, die ich weiter oben beschrieben habe, sind durch die Einführung solcher Online-Wahlen nicht weiter berührt, außer dass vielleicht ein paar Familien mehr die Vorzüge eines freien Wochenendes nutzen würden.
- Die zweite Art von Online-Wahlen stellt eine leichte Modifikation der ersten dar. Es werden mehr Orte der Stimmabgabe eingerichtet, die sich jedoch ebenfalls im öffentlichen Raum befinden. Der Vorteil besteht darin, dass das Wahllokal näher liegt und die Stimmabgabe bei der Erledigung sonstiger Tätigkeiten, etwa dem Sonntagseinkauf am örtlichen Kiosk oder der Tankstelle, erfolgen kann. Eine weit reichende Modifikation zum bestehenden System in Wahllokalen ist diese Variante nicht.
- Die dritte Stufe ist schon deutlich brisanter: Der Akt des Wählens würde aus dem öffentlichen in den privaten Raum verlagert. Die Wahl stellt damit keine Form der öffentlichen Teilnahme und Gestaltung, sondern eine private Entscheidung dar, die im Wohn- oder Arbeitszimmer vollzogen werden kann. Unter der Voraussetzung, dass die eindeutige Identifikation des Wählers, etwa über eine Signaturkarte, ebenso garantiert werden kann wie die Sicherheit und Eindeutigkeit der Wahl, gerät jedoch die Gewährleistung der Geheimhaltung der Stimme als ehemals staatliche Angelegenheit zur Aufgabe des Wählers. Dass die Geheimhaltung im privaten Rahmen schwierig ist, liegt auf der Hand. Wenn die Abstimmung aus dem gemeinsamen Arbeitszimmer erfolgt, dann könnte die Wahl des Anderen leicht beeinflusst werden. Die Gefahr einer weit reichenden Manipulation ist dadurch zwar nicht automatisch in Sicht, doch wäre das eine fundamentale Umkehr von bisherigen Prinzipien.
- Die zuletzt beschriebene Art der Wahl, die Abstimmung über das Mobiltelefon, geht noch eine Stufe über die dritte Form hinaus. Der Akt der Wahl gerät hier zu einer (vor)schnellen Meinungsabgabe, die zudem völlig individualisiert ist: Die gemeinsame Komponente der Wahl, dass nämlich das gesamte Wahlvolk über eine Regierung entscheidet, ist kaum mehr zu erkennen. Zwar können einige der Nachteile, wie sie für das @home-Modell angesprochen wurden, gemildert werden, doch ist die Symbolik der Wahl vollkommen aufgehoben.

Die Modelle 1 und 2 bewahren noch den Aspekt der Öffentlichkeit, wohingegen bei den anderen beiden, Modell 3 und 4, der Wahlakt vollkommen ins

Private verlagert worden ist. In der Einleitung zu diesem Beitrag habe ich die herkömmliche Art der Wahl per Stimmzettel im Wahllokal und die Variante per Mobiltelefon ausgeführt, um die jeweiligen Besonderheiten und Veränderungen zu verdeutlichen. Dabei habe ich den Aspekt der Öffentlichkeit betont und hervorgehoben, dass mit Wahlen bestimmte Rituale verbunden werden. Aus der Beschreibung der Wahlvorgänge mit den Veränderungen sollte deutlich werden, welche Aspekte durch die unterschiedlichen Arten von Online-Wahlen nur modifiziert oder völlig verändert werden würden.

Bei den neuen Wahloptionen fällt auf, dass sie über die Veränderung der Form der Stimmabgabe letztlich auch das Umfeld von Wahlen verändern. Als Folge dieses Wandels verlieren Wahlen jedoch ihre symbolische Funktion: Der Gang zum Wahllokal, die öffentliche Bekundung der Teilnahme, die Zeit der Reflexion auf dem Weg zum Wahllokal und das Abwarten der Ergebnisse fallen hier völlig weg. Doch bevor ich diesen Gedanken am Ende des Artikels wieder aufnehme, möchte ich in den nächsten Absätzen mit den Gründen für Online-Wahlen befassen.

4. Warum überhaupt Online-Wahlen?

Im politischen Spektrum Deutschlands scheint die Einführung von Online-Wahlen wenig umstritten zu sein. Im Deutschen Bundestag wurden Online-Wahlen auf Antrag zahlreicher Abgeordneter und der Fraktion der CDU/CSU[6] im Oktober 2001 behandelt. In dem Antrag wurde die Bundesregierung aufgefordert, ihre Pläne hinsichtlich Online-Wahlen darzulegen sowie auszuführen, wie sie die Zukunft solcher Wahlen einschätzt und wann sie umgesetzt werden könnten. Insgesamt wurden Online-Wahlen als „neuartige Möglichkeit" und „attraktives, zeitgemäßes Angebot"[7] angesehen. In den zu Protokoll gegebenen Plenarbeiträgen[8] waren sich die Rednerinnen und Redner aller Parteien einig, dass Online-Wahlen in Zukunft durchgeführt werden sollen. Bedenken gab es zwar hinsichtlich der Sicherheit von Online-Wahlen, generell wurden sie aber nicht in Frage gestellt.

Und auch die Bundesregierung ist in dieser Frage aktiv. Zahlreiche Initiativen, bei denen Vertreter der Bundesregierung, vor allem des Bundesministeriums des Inneren, beteiligt sind, haben den Zweck, die Verbreitung von Online-Wahlen zu fördern.

---

6 Deutscher Bundestag, 14. Wahlperiode, Drucksache 14/6318, 20.6.2000, „Voraussetzung für die Durchführung von Online-Wahlen".
7 Deutscher Bundestag, 14. Wahlperiode, Drucksache 14/6318, 20.6.2000, „Voraussetzung für die Durchführung von Online-Wahlen".
8 Deutscher Bundestag, 14. Wahlperiode, Plenarprotokoll 14/192, Stenographischer Bericht, 11.10.2001, S. 18814 und Anlage 2, 18819-18823.

Die Wahl der Symbole

- Auf dem Kongress „Internet – eine Chance für die Demokratie", der im Mai 2001 in Berlin stattfand und vom Bundesministerium des Inneren und vom Bundesministerium für Wirtschaft und Technologie durchgeführt wurde, waren sich die Minister Otto Schily und Werner Müller einig, dass die Möglichkeiten für Online-Wahlen geprüft und forciert werden sollten.[9]
- Im Bundesministerium des Inneren wurde eine Arbeitsgruppe eingerichtet, die sich mit Online-Wahlen beschäftigt. Bis zu den Wahlen zum deutschen Bundestag im Jahre 2006 sollen die Wahllokale untereinander so vernetzt werden, dass die Wähler das Wahllokal frei wählen können.[10]
- Unter der Schirmherrschaft des Bundesministeriums des Inneren wurde im Jahr 2000 der erste *E-Government-Wettbewerb*[11] ausgeschrieben. Die Simulation der Personalratswahl in Brandenburg gewann den Wettbewerb.[12]
- Die Initiative D21, ins Leben gerufen von großen Technologieunternehmen verschiedener Branchen und der Bundesregierung, fördert Online-Wahlen durch die Unterarbeitsgruppe „Beteiligung der Bürger an politischen Prozessen", die das Thema inhaltlich aufbereitet, Projekte fördert und begleitet. Dabei sind Vertreter des Bundesministeriums des Inneren und verschiedener Parteien in dieser Arbeitsgruppe aktiv.[13]

Politisch scheint es also kaum umstritten, dass Online-Wahlen eingeführt werden sollen. Aber es stellt sich natürlich die Frage, warum das alte System überhaupt modifiziert werden soll. Zur Beantwortung dieser Frage möchte ich die vier Gründe, die in den Diskussionen mehr oder weniger offen angebracht werden, aufsteigend in ihrer Bedeutung und ihrem Gewicht, skizzieren. Die ersten beiden Gründe beziehen sich auf Schwächen und Mängel des bisherigen Systems, die anderen beiden auf besondere Potenziale des neuen Wahlsystems.

Erstens, und das nicht erst seit der Präsidentschaftswahl in den USA im Jahr 2000, wird die Stimmabgabe über Zettel oder auch Wahlmaschinen als anfällig für Fehler angesehen. Ein modernes, schnelles und präzises System der Wahl könnte hier Abhilfe schaffen.

Zweitens sind der enorme Personalbedarf sowie die Organisationskosten zu nennen: Für eine Bundestagswahl werden mehr als 600.000 Freiwillige benötigt, die die Aufsicht in den Wahllokalen führen, die Stimmzettel ausgeben usw. Zudem steht hinter der Durchführung von Wahlen eine enorme

---

9 Vgl. http://www.bmi.bund.de/top/dokumente/Pressemitteilung/ix_38676.htm: 21.1.2002.
10 Vgl. c't, magazin für computer technik, 11/2001, S. 22: Online-Wahlen.
11 http://www.verwaltung-der-zukunft.de: 4.2.2002.
12 Vgl. dazu http://www.verwaltung-der-zukunft.de/topten.htm: 21.1.2002.
13 http://www.initiatived21.de: 21.1.2002.

Logistik, die bei der Verteilung der Stimmzettel beginnt und ihrer Lagerung aufhört.

Drittens würden Online-Wahlen, oder zunächst auch nur die Vernetzung der Wahllokale, der Flexibilität der Bürgerinnen und Bürger entgegenkommen, da sie ihnen den Ort der Stimmabgabe freistellt: Sie müssten nicht mehr in das ihnen zugeteilte Wahllokal gehen oder bei Abwesenheit die Briefwahl beantragen, sondern könnten ohne ‚Voranmeldung' in jedem beliebigen Wahllokal abstimmen oder eben von jedem beliebigen PC oder vom eigenen Mobiltelefon aus wählen.

Viertens ist eine Modernisierung durch Informationstechnologien absoluter Trend, der fast alle Stufen im Verwaltungsprozess betrifft. Wahlen sind dabei lediglich ein Aspekt. In vielen westlichen Demokratien wird über die Einführung von Online-Wahlen nachgedacht, Forschungsprojekte werden gestartet, um deren Durchführbarkeit und Sicherheit zu testen. Es geht um die Vorreiterrolle bei der Modernisierung durch Informationstechnologien. Wenn Deutschland als erstes Land Online-Wahlen einführt, kann es sich mit einem Prestigeprojekt an die Weltspitze bringen und eine Vorbildfunktion für andere Staaten einnehmen.

4.1 Papierwahlen sind fehleranfällig!

Zwar haben wir in Deutschland noch keinen Fall gehabt, wie er sich bei den Präsidentschaftswahlen in den USA im Jahr 2000 ereignete. Damals waren, vor allem durch veraltete Wahlmaschinen und kompliziertes Stimmzetteldesign, hauptsächlich im Staate Florida, durch Tausende semigültiger Stimmen und zu frühes Ausrufen eines Gewinners durch Fernsehsender vergleichsweise unrühmliche Wochen die Folge. Aufgrund veralteter Mechanik bei den Wahlmaschinen waren die Stimmzettel nicht richtig durchstochen und wochenlange juristische und politische Zwistigkeiten folgten, die das Land am demokratischen Gehalt der Wahl zweifeln ließen. Zwar eigneten sich die Vorgänge vorzüglich als praktische Lehrstunde für Wahlsysteme, kreative Köpfe konnten den einzelnen Perforationen schöne Namen wie *pregnant* oder *dimpled chad* geben, und eine Diskussion über eine direkte Wahl des Präsidenten, ohne das Gremium der Wahlmänner, wurde geführt, doch sollte sich so etwas natürlich nicht wieder vorkommen.

Obwohl in Deutschland Desaster dieser Art bisher ausgeblieben sind, könnten technisch ausgereifte Online-Wahlen zumindest zu mehr gültigen Stimmen führen. Bei einem großen Teil der ungültigen Stimmen wird davon ausgegangen, dass sie nicht absichtlich ungültig abgegeben werden. Fehler kommen z.B. dadurch zustande, dass versehentlich das Kreuz zunächst an anderer Stelle gesetzt, dann durchgestrichen und neu gekreuzt wird. Oder dass in Unkenntnis darüber, dass die Stimme ihre Gültigkeit verliert, Kommentare auf den Zettel geschrieben werden.

Die Wahl der Symbole

4.2 Wahlen sind teuer!

Der zweite Einwand gegen das bisherige Wahlsystem ist ökonomischer Natur: Die Durchführung von Wahlen ist teuer. Viele freiwillige Helfer werden gebraucht, um den reibungslosen Ablauf des Wahlvorgangs und der Auszählung zu gewährleisten. Für die Wahlen zum Deutschen Bundestag im Jahre 1998 hat der Bund den Ländern, zur Erstattung der Bundestagswahlkosten gemäß §50 Bundeswahlgesetz einen Betrag von knapp € 60 Mio. gewährt.[14]

Nun wäre es jedoch kurzsichtig anzunehmen, dass die Einführung von Online-Wahlen preiswert wäre. Vielmehr ist vorerst davon auszugehen, dass Online-Wahlen die Kosten deutlich erhöhen werden.[15] In der Übergangsphase wird es so sein, dass die Möglichkeit online zu wählen, zunächst optional ist und parallel zur Stimmabgabe über Papier und Briefwahl existieren wird. Da nicht erwartet werden kann, dass die neue Technologie sofort auf Akzeptanz trifft, erscheint eine solche Parallelführung von altem und neuem Wahlverfahren sinnvoll.

Langfristig jedoch können die Kosten durch die Einführung von Online-Wahlen gesenkt werden. Allerdings ist zu bedenken, dass viele Aufgaben bei der Papierwahl bisher von Laien übernommen werden konnten, während bei der Wahl über Computer, je nach technischer Ausgestaltung, ein erhöhter Bedarf an Spezialisten entsteht. Dass diese nicht so preiswert sind wie engagierte Bürger, liegt auf der Hand.

Doch geht es natürlich auch um das technische Know-how. Schon jetzt kommen Experten aus anderen Ländern nach Deutschland, um sich die verschiedenen Arten der Online-Wahl und die dahinter liegende Infrastruktur anzuschauen. Über den Export der neuen Technologien könnte Deutschland einen Teil der Kosten abdecken.

Die *langfristige* Aussicht auf eine Kostensenkung macht das Argument für Online-Wahlen aus. Wenn die Technologien und die Infrastruktur einmal etabliert sind, dann lassen sich zukünftige Wahlen erheblich leichter organisieren und durchführen.[16]

---

14 Vgl. Bundesrat Drucksache 595/99 (Beschluss), 26.11.1999: Festsetzung des festen Betrags zur Erstattung der Bundestagswahlkosten 1998.
15 In der sicherlich niedrig angesetzten Kalkulation gehen Herbert Kubicek und Martin Wind in ihrem Artikel bei der Berechnung der Kosten für die Vernetzung der Wahllokale von € 160 Mio. aus, also deutlich mehr als für die herkömmlichen Wahlen. Vgl. den Beitrag von Herbert Kubicek/Martin Wind in diesem Band.
16 Dabei könnte die aufgebaute Wahlinfrastruktur auch für andere Zwecke, beispielsweise für Volksabstimmungen auf Länderebene, eingesetzt werden.

4.3 Menschen werden flexibler!

Das Bundesministerium des Inneren hat angekündigt, bis zum Jahre 2006 alle Wahllokale untereinander zu vernetzen, so dass die Wähler in jedem beliebigen Lokal wählen können. Angesichts der zunehmenden Zahl von Briefwählern – bei manchen Kommunalwahlen erreichte die Briefwählerquote in Großstädten bis zu 30 Prozent – scheint dieser Schritt sehr sinnvoll.

Es scheint ein Bedürfnis in der Bevölkerung existieren, die Wahl außerhalb des Wahllokals zu vollziehen. In Hinblick auf diese Quoten werden Online-Wahlen oft als Mittel angeführt, der steigenden Zahl von Nicht-Wählern entgegenzuwirken, indem man ihnen die Möglichkeit zur Wahlteilnahme erleichtert.

Dabei ergibt sich jedoch ein Problem, welches beachtet werden muss: Unter dem Schlagwort *Digital Divide* werden die Gefahren zusammengefasst, die eine Technologisierung der Gesellschaft und der politischen Beteiligung mit sich bringen können. Die Einführung neuer Technologien gibt Anlass zur Sorge, dass dadurch Menschen oder gesellschaftliche Gruppen ausgegrenzt werden. Je wichtiger das Internet in allen seinen Nutzungsformen für Gesellschaft und Bildung wird, desto stärker muss darauf geachtet werden, dass gesellschaftliche Gruppen, beispielsweise Ältere oder Menschen mit niedrigeren Bildungsabschlüssen, nicht aus der Gesellschaft ausgeschlossen werden. Bezogen auf Wahlen macht sich dieses Problem darin bemerkbar, dass die Einführung von Online-Wahlen eine nicht repräsentative Gruppe stärker zur Wahl bewegen könnte als andere. Die Forschung zeigt, dass ein Rückgang der Wahlbeteiligung fast unausweichlich auch eine Verzerrung der Repräsentation mit sich bringt, dass also bestimmte gesellschaftliche Gruppen mehr und manche weniger wählen: Es beteiligen sich privilegierte Gruppen mit besserer Ausbildung oder mehr Wohlstand in deutlich höherer Zahl als weniger privilegierte an Wahlen und bringen damit ihre Interessen deutlich stärker in die Regierung ein, so dass ein gesellschaftlicher *bias* entsteht.[17]

Bei den Vorwahlen der demokratischen Partei zur US-amerikanischen Präsidentschaftswahl im Frühjahr 2000 in Arizona konnten die Stimmen über das Internet abgegeben werden. Nach Angaben des Unternehmens, dessen Technologie eingesetzt wurde, stieg die Wahlbeteiligung um über 600 Prozent, wobei 80 Prozent aller Stimmen über das Internet – von zu Hause oder öffentlichen Terminals – abgegeben wurden.[18] Inwiefern diese Steigerung repräsentativ für die Bevölkerung war oder ob sich manche gesellschaftlichen Gruppen stärker beteiligten als andere, ist unerforscht. Doch zeigen die Steigerungsraten und das Verhältnis von traditioneller und neuer Form der Stimmabgabe, dass dieser Frage Beachtung geschenkt werden muss.

---

17 Vgl. Lijphart (2000: 148f).
18 Vgl. http://www.election.com/us/pressroom/pr2000/0312.htm: 21.1.2002.

Die Wahl der Symbole 33

Bezüglich der digitalen Spaltung ist dieser Zusammenhang natürlich mit großer Vorsicht zu betrachten. Wenn die Einführung von Online-Wahlen eine gesellschaftliche Gruppe stärker zur Beteiligung motiviert, wäre das ein weiterer Bias, der das Wahlergebnis verzerren könnte.

Die Vernetzung der Wahllokale stellt nur einen ersten Schritt in Richtung Flexibilisierung dar, da die vollständige Mobilität nur durch die Wahl von jedem beliebigen Computer oder Mobiltelefon aus erreicht werden kann. Dies ist auch eine wesentliche Voraussetzung, wenn die Flexibilisierung zur Senkung der Nicht-Wähler-Zahl eingesetzt werden soll. Jedoch ist das nur bei den beiden privatisierten Formen (Modell 3 und 4) der Fall. Daraus könnte sich ein weiteres Problem ergeben. Für über 50 Prozent der Wähler, so ergab die Forschung in den USA, ist die Teilnahme an Wahlen eine demokratische Pflicht. Für die Hälfte der Wähler ist also nicht die politische Gestaltungsmöglichkeit oder die Annahme, dass ihre Stimme den Ausschlag gibt, eine Motivation zur Wahl, sondern die Verpflichtung, das demokratische System mit ihrer Stimme zu tragen.[19]

Ich möchte die These aufstellen, dass moralisch motivierte Beteiligung in Gefahr gerät, wenn Wahlen im privaten Raum vollzogen werden können. Denn bislang stellt der Gang in die Öffentlichkeit eine Hilfe dar, wodurch die abstrakte Verpflichtung zur Wahl unterstützt wird. Indem die Öffentlichkeit verschwindet, fallen auch die symbolischen Elemente der Wahl weg, die zur Beteiligung an Wahlen führen.

Damit birgt die Einführung der Wahl vom heimischen PC oder vom Mobiltelefon aus zumindest die Gefahr, dass die Wahlbeteiligung noch stärker zurückgehen wird.

4.4 Trend zur Modernisierung!

Das letzte Argument, selten ausgesprochen, betrifft den Trend zur Modernisierung durch IT-Infrastrukturen. An der Umgestaltung der Webseiten des Bundes[20] sieht man, dass großer Wert auf einen zeitgemäßen Auftritt gelegt wird. Damit soll nicht gesagt sein, dass die Investitionen nur Schein seien und kein wirklicher Gewinn dahinter stecke. Im Gegenteil: Viele der Angebote, wie etwa die Datenbanksuche nach parlamentarischen Vorgängen, die Diskussionsmöglichkeiten bei Gesetzesinitiativen, wie sie erstmalig beim Referentenentwurf zum Informationsfreiheitsgesetz ermöglicht wurden, und auch die erleichterte Suche nach Kontakthinweisen oder Reiseinformationen, sind für Bürger und Bürgerinnen ein Gewinn.

Online-Wahlen stehen jedoch auf einer anderen Stufe, denn Informationen werden von vielen Regierungen bereits ins Netz gestellt. Eine politische

---

19 Vgl. Blais (2000: 114).
20 http://www.bund.de: 21.1.2001.

Wahl über das Internet, etwa für ein nationales Parlament, gab es jedoch weltweit bisher noch nicht. Auch ist die Bedeutung eine andere. Denn Wahlen gelten als das Herzstück von Demokratien, und wenn diese über das Internet durchgeführt werden können, dann sind die neuen Technologien mit der Gesellschaft vereint, gar symbiotisch.

Kurz gesagt: Online-Wahlen sind ein Prestigeobjekt, und das Rennen um die Führung hat bereits begonnen. In den USA und einigen Staaten Westeuropas, aber auch in Australien und Neuseeland werden Pilotprojekte und Studien zum Thema ins Leben gerufen.

5. Auf dem Weg zur Aktionärsdemokratie?

Betrachtet man sich die Gründe für Online-Wahlen, so erscheinen viele von diesen ziemlich banal. Soll man einen riesigen ökonomischen Aufwand betreiben, dessen langfristige Einsparungen zurzeit kaum berechenbar sind, nur damit ein paar faule Wähler nicht aus dem Schlafanzug schlüpfen müssen oder jedes Wochenende im Jahr für einen Kurzurlaub frei bleibt?

Nun leben wir in einer Zeit, in der trotz ökonomischer Unsicherheit an den Börsen weiter ein großes Interesse an moderner Technologie herrscht. Die Veränderungen, die in den letzten zehn Jahren die Verbreitung des Internet und seiner Verwandten ausgelöst hat, sind enorm. Und vermutlich werden die neuen Medien mit noch stärkerer Vernetzung und Mobilität noch weiter in unser Leben eingreifen.

Zahlreiche Projekte haben bereits bewiesen, dass Wahlen mit zufrieden stellenden Ergebnissen online durchführbar sind. Bei einigen Projekten kam es zu Zwischenfällen, die bei einer Wahl zu einem staatlich-politischen Gremium, z.B. dem Deutschen Bundestag, dramatische Konsequenzen gehabt hätten.[21] Trotzdem ist schon abzusehen, dass mit weiteren Versuchen die Stabilität der Systeme und deren Sicherheit erhöht werden kann.

Es ist daher unbestritten, dass schon bald Wahlen, deren Symbolik weniger bedeutsam, deren Wählerschaft kleiner und die als Angriffsziel für Attacken möglicherweise weniger interessant sind als Wahlen zum Deutschen Bundestag – also Wahlen für Vorstände, Personalräte und Sozialbeiräte etc. – zunehmend auf elektronische Weise abgehalten werden. Menschen werden sich daran gewöhnen, ihre Stimme mit Hilfe moderner Technik abzugeben, wie auch immer der Stimmzettel oder gar Abstimmungsbildschirm gestaltet sein wird.

Aufgrund ihrer zentralen Bedeutung muss gerade bei politischen Wahlen auf das „Wahlgerät" und die Infrastruktur vertraut werden können, denn

---

21 Vgl. den Beitrag von Nico Lange in diesem Band.

sonst wäre die Legitimation der gewählten Regierung und von Wahlen insgesamt schnell in Gefahr. Wie schon erwähnt, war in Deutschland auch die Einführung der geheimen Wahl über Stimmzettel umstritten, da die Überprüfung des Wahlergebnisses nicht mehr so leicht möglich war. Mittlerweile haben wir uns an das System gewöhnt und verlassen uns darauf, dass die Auszählung korrekt erfolgt. Die wenigsten werden die Sicherheit der Technologien, welche bei Online-Wahlen eingesetzt werden, beurteilen können. Wir müssen auf diese vertrauen. Und dieses Vertrauen kann graduell dadurch aufgebaut werden, dass Online-Wahlen für nicht-politische Wahlen oder Wahlen von geringerer Bedeutung, wie es gerade in Deutschland praktiziert wird genutzt werden: Der Nebeneffekt der technischen Überprüfung der Möglichkeiten von Online-Wahlen besteht darin, dass Wähler und Wählerinnen sich langsam an die neue Technologie gewöhnen können.

Das ist freilich ein zweischneidiges Schwert. Ich habe argumentiert, dass es bei politischen Wahlen auf mehr als nur das konkrete Votum ankommt. Vielmehr kommen darin auch eine Zustimmung zur Demokratie und die Zugehörigkeit zu einer Gemeinschaft zum Ausdruck. Abstimmungen auf Aktionärsversammlungen sind eine andere Sache: Es geht um die Wirtschaftlichkeit des Unternehmens, nicht um Vergemeinschaftung. Weiterhin habe ich behauptet, dass es für die Ausgestaltung politischer Online-Wahlen kein Konzept gibt und der Innovationsgrad weit gespannt ist. Ob das Ende der Entwicklung wirklich die Wahl über das Mobiltelefon ist, ist noch völlig unklar.

In diesen beiden Punkten liegt m.E. die Gefahr. Wenn man sich an die Abstimmung über Mobiltelefone, welche auf einer Aktionärsversammlung adäquat ist, gewöhnt hat, so ist es kaum plausibel, warum komfortable Technologien nicht auch für politische Wahlen eingesetzt werden sollen. Sobald die Vertrautheit mit der Online-Wahl über das Mobiltelefon vorhanden ist, scheint es wenig plausibel, ein System zu nutzen, das angesichts dieser neuen Erfahrungen zunächst nur noch antiquiert, verstaubt und unkomfortabel wirkt. Gerade deshalb ist es notwendig, die Debatte über die Ausgestaltung von Online-Wahlen frühzeitig öffentlich zu führen.

6. Schluss

Bei Wahlen geht es um mehr als nur den technischen Akt der Amtsbestellung. Wahlen haben auch eine symbolische Dimension. Entsprechend muss dieser Gesichtspunkt auch bei der anstehenden Diskussion über Reichweite und Grenzen der Modernisierung von Wahlen durch die Computertechnologie berücksichtigt werden. Nicht alles, was technisch machbar ist, ist aus Sicht der symbolischen Bedeutung von Wahlen auch wünschenswert. Und nicht alles, was in manchen (politischen) Anwendungsbereichen adäquat ist, muss deshalb auch in allen anderen gut sein. Mit anderen Worten: Wenn der Betriebsrat per Mobiltelefon gewählt werden soll und kann, muss das nicht automatisch auf die Wahl des Bundeskanzlers übertragen werden.

Daraus folgt andererseits auch keine zwingende Ablehnung von Online-Bundestagswahlen. Denn einige der Verluste in der Symboldimension von Wahlen können durch eine entsprechende Ausgestaltung der Technologie ausgeglichen werden. *Code is law*[22], so Lawrence Lessig, und er meint damit, dass die Ausgestaltung einer Technologie, in diesem Fall Software, großen Einfluss auf ihre Nutzung hat. Einer Technologie können bestimmte Eigenschaften gleichsam ‚eingeschrieben' werden. Dieser Aspekt ist für Online-Wahlen von großer Wichtigkeit. Damit die Demokratie nicht zu einer bloßen Meinungsabgabe verkommt, sollen die modernen Technologien dazu genutzt werden, die symbolische Dimension und auch den Aspekt der Animierung der politischen Reflexion in das Verfahren einzuschreiben.

Was kann das konkret heißen? Mit den gegenwärtigen Formen der Online-Wahl werden bisher nur der Akt der Stimmabgabe, nicht aber die Umgebung der Wahl simuliert. Eine solche Einbettung der Umgebung kann über den Versuch der Abbildung der Öffentlichkeit, indem die Wähler virtuell in die Öffentlichkeit treten, durch die Visualisierung von Gleichheit oder über die Möglichkeit, Zusatzinformationen über die Parteien und deren Programme abzurufen, erreicht werden. Auch kann Geschwindigkeit aus dem Prozess genommen werden, indem *democratic speed bumps* (Benjamin Barber) Zeit zur Reflexion in die Software einschreiben: Die Wähler und Wählerinnen werden durch die Programmierung der Wahlsoftware daran gehindert, ihre Stimme innerhalb weniger Sekunden überhastet abzugeben. Damit wird zumindest ein kleines Stück der Zeit, die man heute für den Gang zum Wahllokal benötigt und die zur Reflexion über die zu treffende Entscheidung dienen kann, abgebildet.

Ob dies allein schon ausreicht, der Entleerung des Symbolcharakters von Wahlen entgegenzuwirken, ist schwer zu beurteilen. Nur eine politische Diskussion, eine sorgfältige Analyse der Erfahrungen und ein kreativer Umgang mit den Gestaltungsmöglichkeiten in der Programmierung kann darauf die Antwort geben.

---

22 Vgl. Lessig (1999).

Literatur

Blais, André (2000): To Vote or Not to Vote. The Merits and Limits of Rational Choice Theory. Pittsburgh: University of Pittsburgh Press.

Buchstein, Hubertus (2000): Öffentliche und geheime Stimmabgabe. Eine wahlrechtshistorische und ideengeschichtliche Studie. Baden-Baden: Nomos-Verlag.

Göhler, Gerhard (1999): Rationalität und Symbolizität der Politik. In: Greven, Michael Th./Schmalz-Bruns, Rainer (Hg.): Politische Theorie – heute. Baden-Baden: Nomos-Verlag, 255-274.

Internet Policy Institute (2001): Report of the National Workshop on Internet Voting: Issues and Research Agenda.

Katz, Richard S. (1997): Democracy and Elections. New York: Oxford University Press.

Lessig, Lawrence (1999): Code and other Laws of Cyberspace, New York: Basic Books.

Lijphart, Arend (2000): Compulsory Voting is the Best Way to keep Democracy Strong. In: DiClerico, Robert E.: Political Parties, Campaigns and Elections. Upper Saddle River: Prentice Hall, 148-151.

Powell, G. Bingham (2000): Election as Instruments of Democracy. Majoritarian and Proportional Visions. New Haven: Yale University Press.

Oliver Rüß

Rechtliche Voraussetzungen und Grenzen von Online-Wahlen

1. Einleitung: Wahlen und Wahlrecht

Die Diskussion, ob Online-Wahlen, d.h. die Nutzung des Internets bei Bundes-, Landes- und Kommunalwahlen, wünschenswert und rechtlich zulässig sind, wird immer intensiver geführt. Der Einsatz der neuen Technik ist inzwischen ein erklärtes Ziel der Bundesregierung und wurde im Oktober 2001 im Deutschen Bundestag behandelt.[1]

Mit dem Vordringen von Online-Wahlen in den politischen Bereich eröffnen sich verfassungsrechtlich neue Fragestellungen, denn Wahlen sind das zentrale Instrument der demokratischen Legitimation nach dem Grundgesetz (Art. 20 GG). Die in der Verfassung verankerten Wahlrechtsgrundsätze gelten nicht nur für die Wahlen zum Deutschen Bundestag (Art. 38 GG), sondern sind bei allen Formen der demokratischen Legitimation entsprechend den Besonderheiten des jeweiligen Wahlvorgangs zu beachten (vgl. u.a. Art. 28 GG für die Bundesländer). Wegen dieser herausgehobenen Bedeutung und der Notwendigkeit, die Einhaltung eines den demokratischen Anforderungen entsprechenden Verfahrens gewährleisten zu können, sind Wahlen hoch reguliert (vgl. u.a. für die Wahlen zum Deutschen Bundestag: Bundeswahlgesetz, Bundeswahlordnung, Wahlgeräteverordnung). Die Regulierungsstufen und Normenhierarchie sind in Abbildung 1 grafisch dargestellt.

Die Welt konnte bei den Auseinandersetzungen um die Auszählungen in Florida bei der US-Präsidentschaftswahl 2000 mit ansehen, wie wichtig der ordnungsgemäße Ablauf von Wahlen für die daraus abgeleitete Legitimation der staatlichen Gewalt ist. Eine rein gerichtliche Klärung im Nachhinein vermag nicht in derselben Weise den Rechtsfrieden und die Akzeptanz in der Bevölkerung herzustellen. Zu dem in Florida gründlich misslungenen Einsatz von Wahlmaschinen hätte es in Deutschland so nicht kommen können, da hier der Einsatz von Wahlmaschinen genau geregelt und einem strengen Prüfungs- und Anforderungskatalog, der Bundeswahlgeräteverordnung, unterworfen ist. Die Erfahrungen der USA bestätigen, dass nur durch detail-

---

1 Deutscher Bundestag, 14. Wahlperiode, Plenarprotokoll 14/192, Stenographischer Bericht, 11.10.2001, S. 18814 und Anlage 2, S. 18819-18823 sowie Deutscher Bundestag, 14. Wahlperiode, Drucksache 14/6318, 20.6.200, „Voraussetzung für die Durchführung von Online-Wahlen".

lierte Regelungen eine ordnungsgemäße Wahl zu erwarten ist, die den verfassungsrechtlichen Anforderungen entspricht und Wahlanfechtungen standhält.

Abbildung 1: Normenhierarchie und geltende rechtliche Vorschriften
(am Beispiel der Bundestagswahl)

Die Vielzahl von bestehenden Regulierungen bedingt, dass nicht nur ein gesonderter Rechtsrahmen für Online-Wahlverfahren zu schaffen wäre. Auch die bestehenden Regelungen sind auf ihre Vorgaben und den Anpassungsbedarf für Online-Wahlen zu untersuchen.

Rechtliche Voraussetzungen sind daher in folgenden Bereichen zu schaffen:

- Entwurf eines Rechtsrahmens für die Online-Wahlverfahren mit allgemeinen Anforderungen für die grundgesetzkonforme Nutzung von Online-Wahlverfahren im Hinblick auf die verfahrensmäßige und technische Gestaltung von Online-Wahlen (ähnlich der geltenden Wahlgeräteverordnung für Offline-Wahlgeräte),
- Einbindung des neuen technischen Verfahrens in die geltenden allgemeinen Wahlvorschriften (u.a. Bundeswahlgesetz, Bundeswahlordnung),
- Rechtsrahmen für die Zertifizierung von Online-Wahlverfahren im Hinblick auf Zuständigkeit, Anforderungen und Kontrolle.

In diese konkret verfahrensbezogenen Regelungen sind weitere verfassungsjuristische Fragen einzubeziehen. So dürfen auch bei der rechtlichen Prüfung Fragen der Wahltradition und Probleme mit der so genannten ‚Digitalen Spaltung' der Gesellschaft und der Chancengleichheit nicht außer Betracht bleiben. Diese drücken sich beispielsweise in der ganz unterschiedlichen Ausstattung der Bürgerinnen und Bürger mit Internetzugängen und einer sozial differenzierten Medienkompetenz aus.

2. Ziele von Online-Wahlen

Mit Online-Wahlen wird von Politikern die Hoffnung verbunden, die in der langfristigen Tendenz sinkende Wahlbeteiligung wieder zu erhöhen oder zumindest zu stabilisieren. Auch soll das Wahlverfahren erleichtert werden. Das gegenwärtige Verfahren für die Briefwahl gilt als kompliziert und teuer. Daher werden Online-Wahlen u.a. mit dem Wunsch nach Kostensenkung begründet. Die Aufwendungen belaufen sich für die Briefwahlen in der Bundesrepublik Deutschland auf etwa € 5 pro Stimme. Insbesondere bei Wahlen, die reine Briefwahlen sind, wie den Sozialwahlen mit vielen Millionen Wählern erscheint daher eine Nutzung des Internets unter Kostengesichtspunkten interessant.

Online-Wahlen sollen langfristig ein neues, einfacheres Verfahren bieten, das eine Distanzwahl am Wahltag zeitgleich zur Präsenzwahl im Wahllokal ermöglichen soll. Demgegenüber hat der Wähler bei der herkömmlichen Briefwahl Zeit für die Briefbeförderung einzurechnen, damit sein Wahlbrief rechtzeitig bei den Wahlbehörden eintrifft, und er trägt das Risiko der Übermittlung ohne Überprüfungsmöglichkeit. Man hofft, durch Online-Wahlen die Wahlbeteiligung junger oder aufgrund beruflicher Aktivitäten sehr mobiler Wähler wieder zu steigern. Ziel ist es, den gewachsenen Mobilitätsanforderungen und der gewandelten Gesellschaft entgegenzukommen.

Mit E-Democracy und dem Angebot von Internetwahlen soll der weit verbreiteten Politikverdrossenheit entgegengewirkt werden, so dass die Parteiendemokratie wieder bessere Akzeptanz in der Bevölkerung findet.[2] Die Vorstellungen gehen unter anderem dahin, den Wahlakt mit einem Zusatzangebot von Informationen für den Wähler über die zur Wahl stehenden Personen und parteilichen Programmatiken zu ergänzen. Eine solche Informationsumgebung wurde beispielsweise schon bei den ICANN-Wahlen und bei den bereits unter Nutzung von Online-Techniken durchgeführten Jugendgemeinderatswahlen getestet.

Die neuen technischen Entwicklungen werden auch mit Forderungen nach mehr direkter Demokratie verbunden. Wegen den sich eröffnenden Chancen des neuen Mediums, Abstimmungen einfacher und schneller durchführen zu können, werden Online-Wahlverfahren besonders im Kernland der direkten Demokratie, der Schweiz, propagiert.[3] Auch in Deutschland wird über diese Legitimationsform diskutiert. Die Volksbeteiligung auch auf Bundesebene durch Einführung direkt-demokratischer Elemente könnte durch moderne Technik erleichtert werden. Die grundsätzliche Zulässigkeit von Volksbefragungen und -abstimmungen ist allerdings unter Juristen umstritten.

---

2 Vgl. dazu auch Tauss (1999: 285).
3 Vgl. u.a. den vom Schweizer Bundesrat im Januar 2002 verabschiedeten Machbarkeitsbericht zu Online-Voting, http://e-gov.admin.ch/vote/index.html.

Ein weiteres Ziel ist es, die Zahl ungültiger Stimmen zu verringern. Hier haben schon Untersuchungen bei der Benutzung von Wahlmaschinen in der Stadt Köln gezeigt, dass durch die Nutzung von Technik die Zahl *versehentlich* ungültig abgegebener Stimmen wesentlich reduziert werden kann. Online-Wahlverfahren auch im Wahllokal – insbesondere der Einsatz bei komplizierten Kommunalwahlverfahren mit Kumulieren und Panaschieren, die mancherorts bis zu 60 Stimmen erlauben – können sowohl für den Wähler als auch für die Auszählung eine große Hilfe sein. Eine Forderung seitens der Wahlrechtler bleibt aber, dass die gewollt ungültige Stimmabgabe auch bei Wahlgeräten und Online-Wahlen weiterhin möglich sein muss.

Auch die Probleme, die notwendige Zahl ehrenamtlicher Wahlhelfer für die Betreuung der Wahllokale und die Auszählung der Stimmen zu rekrutieren, sollen so gelöst werden. Schnelle Auszählung im Wahllokal durch moderne Verfahren und eine Vereinfachung des aufwändigen Briefwahlverfahrens könnten dazu beitragen, die Bereitschaft der Bürger zum Engagement wieder zu steigern.

3. Rechtliche Voraussetzungen

Mit Online-Wahlen werden also ganz unterschiedliche Ziele verfolgt. Daher muss bei der künftigen rechtlichen Prüfung genau differenziert werden, für welche Wahlen und in welchem Rahmen die neue Technik eingesetzt werden soll. So müssten beispielsweise bei weniger gefährdeten, weil politisch weniger brisanten Wahlen wie beispielsweise Sozialwahlen, andere rechtliche Anforderungen auch an den Umfang der Sicherheitsvorkehrungen gestellt werden als bei Bundestagswahlen. Auch innerhalb einer Wahl ergeben sich nach dem geltenden Recht und der Rechtsprechung des Bundesverfassungsgerichts verschiedene Anforderungen. So muss zwischen der Wahl im Wahllokal und der Distanzwahl per Brief unterschieden werden (beispielsweise Antragserfordernis bei der Briefwahl[4]).

Wegen der Vielzahl von Problemen wird seit Mai 2001 von der Bundesregierung ein stufenweises Vorgehen favorisiert. Zuerst sollen die Wahllokale miteinander vernetzt werden, so dass dem Wähler die Wahl in jedem beliebigen Wahllokal möglich sein soll. Bei der Vernetzung von Wahllokalen ist u.a. ein übergreifendes (d.h. das ganze Wahlgebiet umfassende) Wählerverzeichnis erforderlich. Auf die sich daraus ergebenden Rechtsfragen kann hier nicht eingegangen werden.

Im nächsten Schritt wird die Nutzung öffentlicher Wahlkioske favorisiert und ggf. als lezte Stufe der Ersatz: die Alternative zur Briefwahl durch die

---

4 Antragserfordernis nach §§ 22 Abs. 1 und 24 Abs. 2 Bundeswahlordnung.

Rechtliche Voraussetzungen und Grenzen von Online-Wahlen

Wahl von beliebigen Wahlterminals aus. Dieses Vorgehen wird u.a. aus den nachfolgenden, sich aus den Wahlrechtsgrundsätzen ergebenden Sicherheitsanforderungen abgeleitet. Insofern ist eine rein abstrakte rechtliche Bewertung nur eingeschränkt möglich.

Die Ziele und Vorteile von Online-Wahlen lassen sich nur mit den verfassungsgemäßen Vorgaben in Einklang bringen, wenn sie keine Gefährdung der Wahlrechtsgrundsätze bedeuten. Dabei ist insbesondere zu beachten, dass der Staat nicht verpflichtet ist, die bestehenden und hinsichtlich ihrer Sicherheit anerkannten herkömmlichen Wahlverfahren durch neue Techniken zu verändern. Entsprechendes hat das Bundesverfassungsgericht bereits festgestellt, als es die Rechtmäßigkeit der Briefwahl beurteilen musste.[5] Ähnliches gilt erst recht für Online-Wahlen. Die Wahlgrundsätze müssen auch bei der Online-Stimmabgabe in gleicher Weise gewährleistet sein.

3.1 Die Wahlrechtsgrundsätze

Die Wahlrechtsgrundsätze ergeben sich aus Art. 38 Abs. 1 GG. Sie gelten über Art. 28 GG auch für die Wahlen in Ländern und Kommunen und, in jeweils angepasster Form, grundsätzlich bei der gesamten demokratischen Legitimation mittels Wahlen und Abstimmungen innerhalb der Bundesrepublik Deutschland:

allgemeine	
unmittelbare	
freie	**Wahl**
gleiche	
geheime	

Diese von der Verfassung vorgeschriebenen Prinzipien müssen unabhängig von der genutzten Wahlmethode (Papier, Wahlgerät, Online-Wahl) gewährleistet sein.[6]

3.2 Freie Wahl

Im Wahllokal wird die freie und von Dritten unbeeinflusste sowie geheime Stimmabgabe durch unabhängige Wahlorgane, den staatlichen Schutz und die Kontrolle der Öffentlichkeit sichergestellt. Diese Gewähr kann außerhalb des Wahllokals nicht in gleicher Weise geboten werden. Die Gefährdung der

---

5 So schon das Bundesverfassungsgericht für die Briefwahl, BVerfGE 12, 139. Vgl. auch dazu Monz (1972: 229)
6 Vgl. Rüß (2001: 518).

freien Entscheidung führt dazu, dass nach der Rechtsprechung des Bundesverfassungsgerichts die Wahl außerhalb des Wahllokals die Ausnahme bleiben muss. Es wird davon ausgegangen, dass die Briefwahl aufgrund der mit ihr verbundenen Risiken nur unter bestimmten Voraussetzungen, wie z.b. Abwesenheit oder Krankheit, zulässig ist (vgl. § 25 Bundeswahlordnung, der insoweit den Anforderungen des Bundesverfassungsgerichts entspricht).

Gleiches muss für die Nutzung von Internettechnik im Rahmen einer Distanzwahl außerhalb des Wahllokals (Internetbriefwahl) gelten. Daher werden Online-Wahlen die Nutzung von Wahllokalen nicht überflüssig machen. Auch die Distanzwahl per Internet wird an einen Antrag und die Geltendmachung von Verhinderungsgründen zu binden sein. Bei der Wahl aus vernetzten Wahllokalen gibt es damit keine Probleme, da die sichere Umgebung nicht nur durch ein bestimmtes, sondern durch jedes beliebige ordentliche Wahllokal gewährt werden kann. Diese Einschränkungen gelten dann nicht, wenn aufgrund eines anderen Stellenwertes der Wahl Briefwahlen allgemein zulässig sind (z.B. bei den deutschen Sozialwahlen).

Bei der Briefwahl versichert der Wähler an Eides statt, dass er den Stimmzettel persönlich gekennzeichnet hat. Diese Versicherung erfolgt durch die Unterschrift auf dem Wahlschein. Bei Online-Wahlen, die nicht unter Aufsicht des Wahlvorstandes erfolgen, müsste diese handschriftliche Unterschrift durch die elektronische Signatur ersetzt werden (vgl. unten).

3.3 Elektronische Signaturen

Eines der Hauptprobleme bei Wahlen im Internet war bisher die Prüfung der Authentizität der Stimmabgabe und der Identität des Wählers im Netz. Da sich dieses Problem nicht nur im Bereich von E-Democracy, sondern grundsätzlich bei der Nutzung des Internets wie im E-Commerce stellt, wurden dazu rechtliche Regelungen geschaffen, das Recht der elektronischen Signaturen.

Die Rechtsgrundlage für den Einsatz elektronischer Signaturen liefern das deutsche Gesetz über die Rahmenbedingungen für elektronische Signaturen (Signaturgesetz)[7] und die Signaturrichtlinie der Europäischen Gemeinschaften.[8] Die angestrebte Rechtsfolge der elektronischen Signaturen ist, dass sich durch sie die Identität des Erstellers und die Authentizität des Inhalts eines elektronischen Dokuments nachweisen lassen soll (so die Forderung des Art. 5 der Signaturrichtlinie).

Signaturrichtlinie und Signaturgesetz unterscheiden zwischen verschiedenen Sicherheitsstufen der elektronischen Signatur. Es gibt einfache elekt-

---

7 Signaturgesetz vom 16. Mai 2001, BGBl. I, 2001, S. 876. Dazu auch Rossnagel (2001: 1817).
8 Richtlinie 1999/93/EG über gemeinschaftliche Rahmenbedingungen für elektronische Signaturen.

ronische Signaturen, deren rechtlicher Beweiswert gering ist, sowie fortgeschrittene und qualifizierte Signaturen. Letzteren kommt ein sehr hoher Beweiswert zu, so dass eine Gleichstellung mit der handschriftlichen Unterschrift erreicht werden kann.

Bei Online-Wahlen wurden sowohl elektronische Signaturen nach dem Signaturgesetz als auch die Nutzung von so genannten PINs und TANs (Persönliche Identifikationsnummer und Transaktionsnummern) erprobt.[9] Für die Einführung von Online-Wahlen scheint aus heutiger Sicht die Nutzung von PINs und TANs unsicher. So liegt deren Einsatz bisher kein Rechtsrahmen zugrunde. Ferner sind sie juristisch nicht der handschriftlichen Unterschrift gleichgestellt und es besteht die Gefahr des Verlustes z.b. eines mittels Post übersandten PIN- und TAN-Briefes. Nach der bisherigen Rechtslage erfordert die Wahl jedoch entweder die Identifizierung im Wahllokal bzw. die handschriftliche Unterschrift unter eine Versicherung an Eides statt auf dem Wahlschein.

Beim Einsatz qualifizierter elektronischer Signaturen erfolgt eine Identifizierung des Signaturinhabers anhand seines Ausweises bei der Ausgabe der elektronischen Signatur. Doch sind in das Zertifikat der Signatur nur bestimmte Angaben (insbesondere der Name) aufgenommen. Daher wird noch zu klären sein, wie anhand von weiteren Attributen oder weiteren Verfahrensschritten bei Online-Wahlen die Übereinstimmung des Signaturinhabers mit dem Wahlberechtigten im Wählerverzeichnis gegenüber anderen Namensgleichen gewährleistet werden kann.[10]

3.4 Geheime Wahl

Bei *Abgabe* der Stimme im Wahllokal bzw. bei Distanzwahlen gebietet der Grundsatz der geheimen Stimmabgabe, dass der Wähler vor der Kenntnisnahme seiner Entscheidung durch Dritte geschützt ist. Zugleich darf seine Wahl nicht manipuliert werden.

Diese Bedingungen wurden im Wahllokal bisher insbesondere durch den Wahlvorstand garantiert. Bei Online-Wahlverfahren kann die öffentliche Kontrolle nicht so einfach durch den Wahlvorstand und die Aufsicht der Allgemeinheit hergestellt werden wie bei der Papierwahl. Da die technischen Prozesse zumeist im Hintergrund ablaufen und auch anhand der Bildschirmdarstellung nicht tatsächlich für den Wähler und Wahlvorstand nachvollziehbar sind, ist u.a. zu fordern, dass die genutzte Technik (Wahlsoftware etc.) von einer gesetzlich bestimmten Stelle zuvor geprüft und zertifiziert ist. Die-

---

9 Vgl. zum Einsatz elektronischer Signaturen von Lackum/Werner (2001) und (auf der Basis der Fassung des Signaturgesetzes vor der Neufassung im Mai 2001) bei Online-Wahlen, Rüß (2000: 73).
10 Vgl. dazu Kammer (2001).

se Stelle muss vor dem Einsatz einer Online-Wahl die Einhaltung der rechtlichen Bestimmungen bestätigt haben. Mittels offen gelegter Quellcodes der genutzten Software (open source code) müsste zudem – zumindest bei politischen Wahlen – einer technisch versierten Öffentlichkeit bzw. Sachverständigen die Kontrolle möglich sein.

Im Wahllokal könnte die ordnungsgemäße Installation und auch die Freiheit von Viren oder Ausforschungsprogrammen besser garantiert werden. Gleiches kann bei der Wahl beispielsweise vom heimischen PC nicht gewährleistet werden. Daher stellt die Wahl außerhalb einer zuvor getesteten und gesicherten Umgebung mangels technischer Sicherheit auch ein rechtliches Problem dar.[11] Ein weiteres Problem ist die derzeitig fehlende Offenlegung der Funktionsweise der verbreitesten Betriebssysteme.

Die *Übermittlung der Stimmentscheidung* darf nur so erfolgen, dass eine Zuordnung des Inhalts zum Wähler dauerhaft nicht möglich ist. Gewähr dürfte hierzu technischen Angaben zufolge am besten die anonymisierte Übertragung bieten, da bei einer Verschlüsselung unter den Fachleuten strittig ist, ob und in welchen Zeiträumen eine Entschlüsselung durch neue Verfahren möglich werden kann. Für die Wahl von einer Person zuordenbaren Endgeräten (d.h. nicht aus dem Wahllokal oder einem Wahlkiosk) aus, müsste ein so genannter anonymer Kanal Voraussetzung sein.

Beim *Stimmeingang* bei Online-Wahlen muss gewährleistet sein, dass die Stimmen völlig anonym in die Wahlurne eingehen. Ein Rückschluss auf die Stimmentscheidung des einzelnen Wählers darf weder dabei noch später nachvollziehbar oder zu entschlüsseln sein. Dennoch muss zuvor die Wahlberechtigung geprüft und eine unberechtigte oder doppelte Stimmabgabe ausgeschlossen sein.

Zur Sicherung der Anonymität der Stimmabgabe hat die Forschungsgruppe Internetwahlen der Universität Osnabrück bei Online-Wahlen ein System der so genannten informationellen Gewaltenteilung genutzt: Strukturell sind Online-Wahlurne, Wählerverzeichnis und die Server eines Zertifizierungsdiensteanbieters für die elektronische Signatur getrennt. Auf der Basis dieses Grundsatzes werden die Online-Wahlurne und das Wählerverzeichnis physikalisch und virtuell voneinander getrennt. Zwischen beiden Einheiten darf keine direkte Verbindung bestehen, da nur schwer überprüfbar wäre, ob nicht doch Wählerdaten und Votum einander zugeordnet würden (siehe Abb. 2).

Aus den Wahlrechtsgrundsätzen ergibt sich weiter, dass Online-Wahlurne und Wählerverzeichnis – wie bisher bei der traditionellen Wahl – unter öffentlicher Kontrolle stehen müssen, um die Sicherheit und Öffentlichkeit beim Wahlvorgang zu gewährleisten.

Die Nutzung des privaten Dienstes eines Zertifizierungsdiensteanbieters bei der öffentlichen Wahl erscheint juristisch nicht unproblematisch. Da aber der ‚Zertifizierungsdiensteanbieter' gesetzlich institutionalisiert wurde und

---

11 Vgl. dazu ausführlicher den Beitrag von Hubertus Buchstein in diesem Band.

einem genauen Regelungsrahmen unterworfen ist, sollte hierin kein verfassungsrechtliches Problem gesehen werden, welches dessen Einbeziehung auch bei Wahlen ausschließt. Im Rahmen von politischen Wahlen wird bei Verwendung elektronischer Signaturen die Nutzung eines akkreditierten Zertifizierungsdiensteanbieters notwendig sein. Der für nicht akkreditierte Zertifizierungsdiensteanbieter geltende Verzicht auf staatliche Vorabkontrolle oder Genehmigungserfordernis zugunsten einer Haftungsregelung (Schadensersatz in Geld) reicht bei dem verfassungsrechtlich zentralen Thema der Legitimation politischer Gremien wie dem Deutschen Bundestag durch Wahlen nicht aus. Die der Nutzung von elektronischen Signaturen bei Wahlen vorausgehende Prüfung der Zuverlässigkeit des Anbieters im Akkreditierungsverfahren ist deshalb zwingend.

Abbildung 2: Informationelle Gewaltenteilung

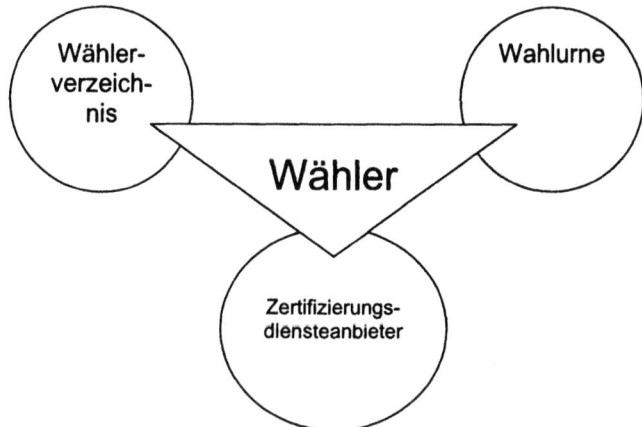

Aus dem Grundsatz der geheimen Wahl ist weiter abzuleiten, dass die Nutzung einer bestimmten Wahlmethode keinen Rückschluss auf einen einzelnen Wähler zulassen darf. Aus diesem Grund müssen bei Bundestagswahlen beispielsweise Briefwahlbezirke so zugeschnitten sein, dass eine hinreichende Zahl von Briefwählern einen Rückschluss auf die Wahlentscheidung des Einzelnen ausschließt. Ähnliches gilt für die Auswahl von Wahlbezirken bei der Durchführung einer amtlichen Wahlstatistik. Die Konsequenz für Online-Wahlen ist, dass auch bei Wahlen, die sowohl die Abstimmung per Stimmzettelabgabe im Wahllokal als auch per Internet zulassen, kein Rückschluss auf die Stimmabgabe des Einzelnen möglich sein darf. Daher muss entweder eine hinreichend große Zahl von Wählern pro Wahlbezirk von allen angebotenen Wahltechniken Gebrauch machen oder es darf nur die Nutzung eines Mediums (beispielsweise die Nutzung von Online-Wahlverfahren sowohl im Wahllokal als auch per

Distanz) zugelassen sein. Beim Einsatz elektronischer Signaturen bedeutet dies, dass eine hinreichende Kartenverbreitung notwendige Voraussetzung ist bzw. den Wählern eine Signaturkarte auch im Wahllokal zur Verfügung gestellt werden muss. Die Identifizierung könnte dann aber auch auf herkömmlichen Wege mittels eines amtlichen Dokuments erfolgen.

3.5 Gleiche Wahl

Der Wahlgrundsatz der gleichen Wahl gebietet, dass auch bei Online-Wahlen in gleicher Weise wie bisher sichergestellt ist, dass niemand anstelle eines anderen oder doppelt wählt oder dessen Votum verändert. Deshalb muss erstens die Identität des Wählers gesichert sein. Zweitens muss auch die Authentizität seiner Stimmabgabe nachprüfbar sein, ohne dass zugleich der Grundsatz der geheimen Stimmabgabe gefährdet werden darf.

Weiterhin darf die Nutzung des Internets nicht zu einer Ungleichbehandlung von Wählern oder Wählergruppen führen. Online-Wahlen dürfen insbesondere nicht zum Ausschluss einzelner Bevölkerungsgruppen führen. Daher ist – wie für E-Democracy insgesamt – die verstärkte Stützung demokratischer Legitimation auch für das Internet an die Schließung der so genannten Digitalen Spaltung (,digital divide') gebunden.

3.6 Sicherheit, Zertifizierung, Überprüfbarkeit

Abbildung 3: Gefährdungspyramide

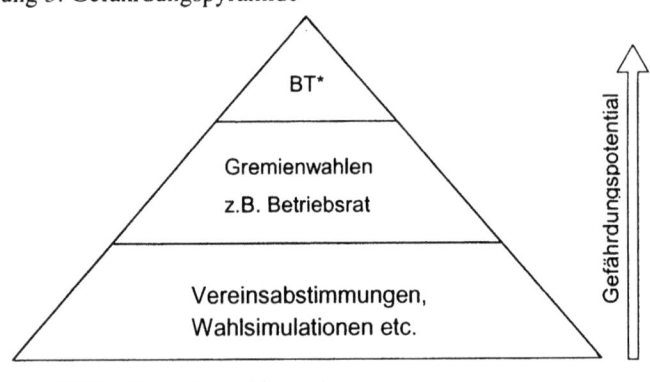

(* BT = Bundestagswahlen etc.)

Ein Problem bei der großflächigen Nutzung des Internets für Online-Wahlen ist die fehlende Sicherheit des Netzes. Sowohl die Sicherheit der Netzknoten und als auch die Verfügbarkeit des Internets und der bei der Wahl genutzten

Serverstrukturen (Gefährdung u.a. durch so genannte DoS-Angriffe = Denial of Service-Angriffe) ist derzeit noch nicht garantiert. Dazu muss erstens eine entsprechende Sicherheitsstrategie entwickelt und zweitens der Aufbau des Wahlverfahrens in dezentralen Strukturen garantiert werden. Außerdem sind Alternativen offen zu halten.

Die Überprüfbarkeit des Wahlergebnisses auch im Rahmen einer Wahlanfechtung und die Öffentlichkeit der Wahl sind eine wesentliche Bedingung für demokratische Wahlen. Beides ist auch bei Online-Wahlen zu gewährleisten. Bei Wahlgeräten werden diese Anforderungen u.a. durch die vorherige Prüfung und Zertifizierung anhand vorher definierter Kriterien durch eine rechtlich festgelegte und anerkannte vertrauenswürdige Instanz erfüllt. Nach der Wahlgeräteverordnung ist diese Stelle die mit dem technischen Knowhow ausgestattete Physikalisch-Technische Bundesanstalt (§ 2 Abs. 2 und 3 der Bundeswahlgeräteverordnung). Ein ähnliches Vorgehen müsste auch für Online-Wahlverfahren gewählt werden. Von rechtlicher Seite lassen sich dabei nur abstrakte Vorgaben definieren. Die technischen Details, die diese Anforderungen erfüllen, können nur mit entsprechender Expertise beurteilt werden, insbesondere da sich Online-Wahlen zurzeit noch in der Erprobungs- und Evaluierungsphase befinden. Online-Wahlen finden ihre Grenzen in der technischen Machbarkeit.

4. Ergebnis

Die Einführung von Online-Wahlen erfordert noch die Lösung einer Vielzahl rechtlicher Probleme. Grundsätzlich spricht aber nichts gegen die Nutzung neuer Technik, sofern die sich aus der Verfassung ergebenden Anforderungen an demokratische Wahlen gewährleistet werden können.

Vor einem künftigen Einsatz, insbesondere bei Wahlen zum Deutschen Bundestag, erscheinen in Anbetracht der Vielzahl offener organisatorischer und technischer Fragen noch eine Reihe weiterer Feldtests unausweichlich. Die Vorbereitungsphase dazu hat schon vor längerer Zeit begonnen. In einzelnen Anwendungen wurden bereits Wahlen im Internet durchgeführt (teils simuliert, teils als rechtskräftige Gremienwahlen), um die technischen Anforderungen und auch Kriterien für die Zertifizierung zu erforschen. Dieses Vorgehen soll nach dem Stufenplan der Bundesregierung bis hin zu einem Einsatz bei ersten politischen Wahlen auf kommunaler, Landes- oder Bundesebene weitergeführt werden. Rechtliche Regelungen dafür sind noch nicht erlassen worden. Eine erste Regelung von Online-Wahlen auf landesrechtlicher Ebene ist für eine Personalratswahl im Land Brandenburg im Frühjahr 2002 zu erwarten. Dort soll die Wahlverordnung zum Personalvertretungsgesetz um eine Online-Wahlklausel ergänzt werden. Bisherige Online-Wahlen

konnten bisher entweder ohne Rechtsanpassungen bzw. mittels Änderungen im Rahmen kommunaler Satzungshoheit erfolgen.
 Neben den noch nicht abschließend geklärten sicherheitstechnischen Fragen sind Rechtsänderungen bei den bestehenden Normierungen als auch ein gesonderter Rechtsrahmen für die Anforderungen an Online-Wahlverfahren und notwendige Zertifizierungs- und Genehmigungsverfahren notwendig, bis die rechtlichen Voraussetzungen für Online-Wahlen hergestellt sind.

Literatur

Kammer, Matthias (2001): Digitale Signatur in Deutschland – Standortvorteil oder Falle?, In: Behördenspiegel, Dezember, 40-41.

Lackum, Jens von/Werner, Henning (2001): Verfassungsrechtliche Zulässigkeit des Electronic Voting. In: JuR Internet Zeitschrift für Rechtsinformatik. JurPC, Web-Dok. 137/2001, Abs 1.31.

Monz, Heinz (1972): Die Problematik der rechtmäßigen Durchführung der Briefwahl. In: Zeitschrift für Rechtspolitik 5, 229-231.

Roßnagel, Alexander (2001): Das neue Recht elektronischer Signaturen. In: Neue Juristische Wochenschrift 54, 1817-1826.

Rüß, Oliver (2001): E-democracy – Demokratie und Wahlen im Internet. In: Zeitschrift für Rechtspolitik 34, 518-521.

Rüß, Oliver (2000): Wahlen im Internet. Wahlrechtsgrundsätze und Einsatz von digitalen Signaturen. In: MultiMedia und Recht 2, 73-76.

Tauss, Jörg (1999): E-Vote. Die ‚elektronische Briefwahl' als ein Beitrag zur Verbesserung der Partizipationsmöglichkeiten. In: Marktplatz@Verwaltung. Jahrbuch Telekommunikation und Gesellschaft 7, 285-291.

Hubertus Buchstein

Online-Wahlen und das Wahlgeheimnis

1. Einleitung: Online-Wahlen und die Home-Online-Wahl

Nicht nur auf technischer und politischer Ebene herrscht Uneinigkeit über Online-Wahlen, auch die wahlrechtliche Debatte ist noch voll im Gange.[1] Ein Teil der rechtlichen Bedenken basiert letztlich auf technischen Bedenken, also dem Zweifel daran, ob beim gegenwärtigen Stand der Technik überhaupt ein sicheres Wahlverfahren garantiert werden kann. Teilweise ist der mangelnde wahlrechtliche Konsens aber auch dem Tatbestand geschuldet, dass in der öffentlichen Diskussion zurzeit noch ganz unterschiedliche konkrete Wahl-Praktiken unter dem gemeinsamen Begriffsdach ‚Online-Wahlen' zusammengefasst werden.[2]

Um mehr Klarheit über die konkreten Unklarheiten zu gewinnen, ist es sinnvoll, einleitend drei Unterscheidungen vorzunehmen. Zum einen zwischen Wahlen, für die der Geltungsrahmen des Grundgesetzes obligatorisch ist und anderen Wahlen und Abstimmungen (1.1). Zum zweiten zwischen den jeweils betroffenen Wahlrechtsgrundsätzen aus der Verfassung (1.2) sowie drittens zwischen den verschiedenen Formen des Online-Voting (1.3).

1.1 Welche Wahlen?

Bei einer Vielzahl von Online-Wahlen stellen sich gar keine gravierenden wahlrechtlichen Probleme. Denn längst nicht alle Wahlen in modernen Gesellschaften fallen automatisch in den Bereich, der von den Wahlrechtsgrundsätzen des Artikel 38, Grundgesetz – die Wahl hat danach allgemein, unmittelbar, frei, gleich und geheim zu erfolgen – umfasst ist. Auf der einen Seite stehen solche Wahlen, deren Regelsysteme im Kern durch die Wahlrechtsgrundsätze der Verfassung festgelegt sind. Zu ihnen gehören die Wahlen zu Parlamenten auf Bundes-, Landes- und kommunaler Ebene. Auf der anderen Seite stehen eine Reihe von Wahlen in Körperschaften, die sich ihr

---

1 Dieser Beitrag greift in Teilen auf den Aufsatz des Verfassers „Präsenzwahl, Briefwahl, Online-Wahl und der Grundsatz der geheimen Stimmabgabe" (Buchstein 2000b) zurück.
2 Vgl. dazu den Beitrag von Harald Neymanns in diesem Band.

Wahlreglement weitgehend selbst geben können – Vereine, Firmen oder andere private Organisationen. Am weitesten sind hier Hauptversammlungen großer Aktiengesellschaften wie der Telekom oder Celanese, bei denen das Internet bereits für die Hinterlegung von Stimmrechten genutzt werden kann. Auch wenn sich solche Organisationen bei ihren Abstimmungen und Wahlen häufig an den Wahlgrundsätzen der Verfassung orientieren, ist dies nicht zwingend notwendig. Entsprechend ist der Spielraum für Online-Wahlen in solchen privaten Organisationen erheblich größer und die Frage der Konformität mit den Wahlrechtsgrundsätzen des Grundgesetzes ohne zwingende rechtliche Bedeutung.

Abbildung 1: Wahlen und der Geltungsbereich der Wahlrechtsgrundsätze

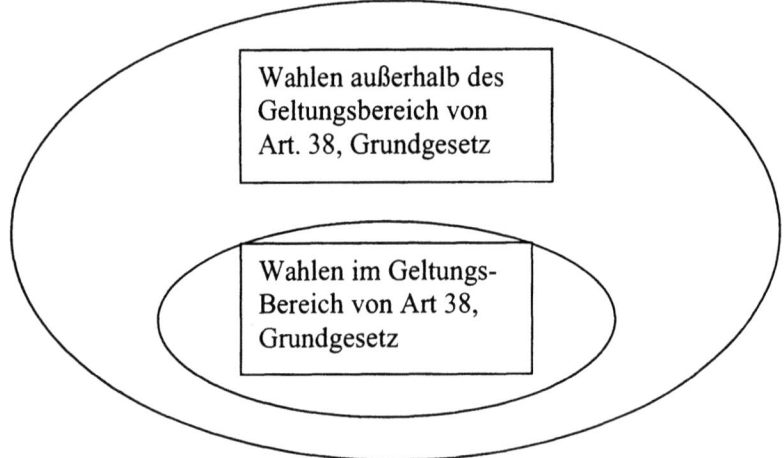

1.2 Welcher Wahlrechtsgrundsatz?

Auch für Wahlen, bei denen die verfassungsmäßigen Wahlrechtsgrundsätze gelten, stellt sich die wahlrechtliche Lage zunächst unübersichtlich dar. Dies liegt zum einen an den vielfältigen *technischen Unsicherheiten*. Es ist umstritten, inwieweit die gegenwärtigen Technologien die fünf Wahlrechtsgrundsätze wirklich garantieren können.[3] Dabei sieht es im Detail für die einzelnen Wahlrechtsgrundsätze ganz unterschiedlich aus:

Am einfachsten für Online-Wahlen ist es sicherlich, dem Grundsatz der *Allgemeinheit* der Wahl zu entsprechen. Es ist lediglich zu garantieren, dass durch die Einführung des Online-Voting keine Bevölkerungsgruppen ausge-

---

3 Vgl. zu dieser Frage ausführlicher den Beitrag von Oliver René Rüß in diesem Band.

schlossen werden. Dies wäre relativ problemlos durch den Weiterbestand der traditionellen Präsenswahl – und sei es auf besonderen Antrag – zu gewährleisten.

Schon etwas schwieriger gestaltet sich die Garantie der *Unmittelbarkeit* und der gleichen Wahl. In beiden Fällen muss technisch absolut sichergestellt werden können, dass es zu keinen Manipulationen des Wahlvorganges durch Hacker u.a. kommen kann und dass wirklich jede abgegebene Stimme gezählt wird. Mit verschiedenen Programmen versuchen diverse Anbieter von Wahlsoftware auf dem Markt derzeit, die Sicherheitsprobleme technisch zu bewältigen, ohne dass bislang Lösungen vorliegen, die den Prüfungsprozess durch die physikalisch-technische Prüfanstalt schon erfolgreich durchlaufen haben. Die Prüfung und anschließende Zertifizierung stellt deshalb ein besonderes Problem dar, weil beim gegenwärtigen Stand der Technik die konkreten Gefahren noch gar nicht klar beschrieben werden können.

Vor der gleichen Herausforderung stehen die Betreiber von Online-Wahlen bezüglich der Wahlrechtsgrundsätze der *freien und der geheimen Wahl*. Eingriffe in die Wahlfreiheit liegen dann vor, wenn auf den Wähler Druck, Zwang oder ein sonstiger rechtswidriger Einfluss – etwa in Form finanzieller Zuwendungen – ausgeübt wird. Der Grundsatz der freien Wahl ist deshalb eng mit dem der geheimen Wahl verbunden. Es muss gewährleistet werden können, dass der Wähler sein Votum anderen nicht zugänglich machen kann. Es gelten hier die gleichen hohen technischen Anforderungen, die für die Abwehr von Angriffen von außen notwendig sind. Die Programme müssen so konzipiert werden, dass der Wähler keine Möglichkeit hat, sein Stimmverhalten zu dokumentieren.

Bei aller derzeitigen Skepsis gegenüber der Wahltechnik: Wenn man sich die Entwicklungen neuerer Wahlsoftware in den letzten drei Jahren anschaut, gibt es gute Gründe anzunehmen, dass die aufgelisteten Herausforderungen an die Technik über kurz oder lang zufrieden stellend bewältigt werden.[4]

1.3 Welche Form von Online-Wahl?

Doch auch damit sind noch nicht alle wahlrechtlichen Fragen geklärt. Ganz entscheidend für die wahlrechtliche Bewertung ist die Frage nach dem Ort, an dem Online-Wahlen durchgeführt werden sollen. In der Einleitung zu diesem Band wurden die drei derzeit diskutierten Vorschläge für den Ort von Online-Wahlen bereits genannt: erstens die Stimmabgabe an einem Computer, der in einem Wahllokal aufgestellt ist; zweitens die Stimmabgabe nach dem so genannten Kiosk-System, d.h. an einem öffentlich aufgestellten und kontrollierten Computer in einer öffentlichen Bibliotheken oder einem Einkaufszentrum, sowie drittens die Stimmabgabe vom privaten Computern aus,

---

4 Vgl. den Beitrag von Dieter Otten in diesem Band.

also dem heimischen PC oder dem Handy. Von zentraler Bedeutung sind diese lokalen Unterschiede im Hinblick auf den Wahlrechtsgrundsatz der geheimen Stimmabgabe.

Alle drei Vorschläge spielen bei den verschiedenen derzeitigen Wahlexperimenten eine Rolle und haben ihre Anhänger. Im Fall der Nutzung öffentlich aufgestellter Computer – sei es nun im Wahllokal oder als Kiosksystem, sei es nun als zusätzliche Ergänzung oder als neue Regelform – ist der Grad der Innovation gegenüber den gegenwärtigen Wahlverfahren eher begrenzt. Es handelt sich hierbei genau genommen nur um eine technische Weiterentwicklung von Wahlmaschinen, wie sie seit mehreren Jahrzehnten in den USA und einigen europäischen Ländern in den Wahlkabinen aufgestellt werden.

Anders liegt der Fall bei der Stimmabgabe vom heimischen PC oder vom Handy aus, dem Home-Online-Voting. In der augenblicklichen Reformdiskussion ist sie häufig zunächst nur als Alternative zur Briefwahl gedacht. Bei nicht wenigen Wahlreformern steht dahinter aber die Vision einer neuen Regelform der Stimmabgabe: Zukünftig sollen sich die Bürger den Weg zum Wahllokal sparen und von jedem Ort der Welt aus an Wahlen und Abstimmungen teilnehmen können.[5] Nur wer dies mangels Computer und/oder der dazu notwendigen Kompetenz nicht könne, dürfe weiterhin an einem öffentlichen Ort seine Stimme persönlich abgeben, bis sich diese Form vollständig durchgesetzt hat.

1.4 Home-Online-Voting

Ich möchte in meinem Beitrag die Frage nach der wahlrechtlichen Bewertung solcher Visionen behandeln. Denn das Home-Online-Voting bedeutet gegenüber dem bestehenden Wahlrecht eine geradezu revolutionäre Veränderung, die in der Regel gern und großzügig übersehen wird. Diese Veränderung betrifft in erster Linie den Wahlrechtsgrundsatz der geheimen Stimmabgabe. Letztlich – so meine These – hebt die von zuhause durchgeführte Online-Wahl den Grundsatz der geheimen Stimmabgabe auf.

Dass das Home-Online-Voting die Frage nach der Geheimwahl aufwirft, ist keine neue These und auch aus Sicht ihrer Verfechter zunächst unstrittig[6]; strittig ist jedoch, inwieweit Online-Wahlen vom heimischen PC oder Handy aus wirksam gegen Verstöße des Schutzes der geheimen Stimmabgabe geschützt werden können und müssen. Hinter dieser rein technisch klingenden Kontroverse verbirgt sich eine zweite, bei der es um die nähere Bedeutung

---

5   So etwa die Vision des Microsoft-Gründers Bill Gates: „Wähler werden ihre Stimme von zu Hause oder mit dem Wallet-PC abgeben abgeben können, wodurch sich die Gefahr von Auszählfehlern oder Wahlfälschungen verringern wird" (Gates 1997: 425). Für das Bundesinnenministerium ist diese Möglichkeit zumindest nicht von vornherein ausgeschlossen, wie Otto Schily im Mai 2001 betonte (vgl. Schily 2001).
6   Vgl. Jones (2000).

der Geheimwahl geht. Verdeutlichen lässt sich diese Kontroverse an der Position von Herbert Kubicek und Martin Wind.[7] Beide sehen verfassungsrechtlich im Geheimhaltungsgebot keine sachliche Barriere gegen Online-Wahlen. Entsprechende Bedenken sind für sie Ausdruck gewisser juristischer Weltferne. Denn es gibt die Briefwahl, die in unserer stark durch individuelle Mobilität geprägten Welt von den Bürgern längst als Normalität empfunden wird und die ohne größere Probleme funktioniert. Ihre Prognose lautet, „dass sich die Bevölkerung mit anhaltender Ausbreitung des Internets flexibler zeigen wird als jene Juristen, denen schon die Briefwahl Kopfzerbrechen bereitet" (Kubicek/Wind 2001: 136). Diese Erwartung mündet in eine rechtspolitische Empfehlung, die selbst wieder mit einer optimistischen Prognose verbunden wird: „Soll Online Voting als dritter Weg der Stimmabgabe zugelassen werden, müssen Bund und Länder die einschlägigen Gesetze entsprechend ändern. Diese Anpassung der rechtlichen Rahmenbedingungen ist politisch weitgehend gewollt und insofern nur eine Frage der Zeit" (Kubicek/Wind 2001: 134).

2. Die Argumente des Beitrages

Ich habe Herbert Kubicek und Martin Wind deshalb so ausführlich zitiert, weil ihre Sicht repräsentativ ist für viele Beteiligte an den gegenwärtigen Online-Pilotprojekten. Demgegenüber vertrete ich im Folgenden die These, dass nach der derzeitigen verfassungsrechtlichen Lage das Home-Online-Voting einen unzulässigen Verstoß gegen das in der Bundesrepublik geltende Verständnis des Wahlrechtsgrundsatzes der geheimen Abstimmung bedeutet. Um dies zu verdeutlichen, nehme ich zunächst die von Kubicek und Wind angeführte Parallele zwischen der Online-Wahl und der schon seit einigen Jahrzehnten in der Bundesrepublik erprobten Briefwahl auf (3). Um den nächsten Schritt des Arguments vorzubereiten, sollen dann noch einmal kurz die wichtigsten Gründe für den Wahlrechtsgrundsatz der geheimen Stimmabgabe genannt werden (4). Diese Gründe haben zwei spezifische institutionelle Auslegungen des Geheimhaltungsgebots zur Folge: zum einen den obligatorischen Status der Geheimwahl und zum zweiten die Pflicht des Staates zur Gewährleistung der Geheimhaltung. Im Falle der Briefwahl ist der zuletzt genannte Grundsatz zwar durchbrochen worden. Dies allerdings nur für solche Fälle, in denen zugleich der Wahlrechtsgrundsatz der Allgemeinheit der Wahl betroffen ist, also eine Konkurrenz von zwei fundamentalen Wahlrechtsgrundsätzen vorliegt (5). Für die flächendeckende Einführung von Online-Wahlen per PC oder Handy – so meine erste Schlussfolgerung – kann

---

7 Vgl. auch deren Beitrag in diesem Band.

der für die Briefwahl eingeräumte Ausnahmecharakter nicht reklamiert werden.

Die rechtliche Trennung des Home-Online-Voting von der Briefwahl soll nachdrücklich auf die Wegscheide aufmerksam machen, an der unser Wahlsystem angesichts der Forderung von Politikern in Regierungen und Parlamenten, das Home-Online-Voting einzuführen, steht. Wenn die Wähler am PC oder Handy letztlich selbst für die Gewährleistung der geheimen Stimmabgabe Sorge tragen sollen, verwandelt sich die obligatorische Geheimwahl in eine bloß fakultative (6). Auch alle bisherigen Vorschläge, die damit entstandene Situation technisch zu bewältigen, sind unbefriedigend (7). Nach dem jetzigen Verfassungsrecht – so meine zweite Schlussfolgerung – führt kein Weg zu politischen Wahlen mit PC und Handy.

Bei dieser negativen verfassungsrechtlichen Auskunft möchte ich nicht stehen bleiben. Das Home-Online-Voting fordert geradezu auf, sich auch jenseits des geltenden Verfassungsrechts Gedanken darüber zu machen, wie zeitgemäß die geheime Wahl noch ist. Meines Erachtens gibt es gute Gründe dafür, in einer Lockerung der Geheimhaltung keine ernsthafte Gefahr mehr für moderne Demokratien zu sehen. Einige dieser Gründe möchte ich am Schluss des Beitrages kurz nennen (8).

3. Online-Wahl und Briefwahl

Noch gilt die Präsenzwahl im Wahllokal als Regelfall politischer Wahlen. Die einzige Ausnahme markiert die Briefwahl. Folgt man den meisten Protagonisten von Online-Wahlen, so lässt sich die Stimmabgabe am heimischen Computer wahlrechtlich als eine Variante der Briefwahl fassen, auch wenn ihr technischer Ablauf in einigen Punkten eher einer virtuellen Version von Wahlen im Wahllokal gleichkommt.[8]

Aus dieser Perspektive ist die Online-Wahl eine technisch raffiniertere Variante der Briefwahl. Bei der Briefwahl wie auch bei der Online-Wahl treffen die Wähler ihre Wahlentscheidungen an einem von ihnen bestimmten Ort. In beiden Fällen besteht das Briefgeheimnis bzw. das Telekommunikationsgeheimnis, um Rechtsverstöße unmöglich zu machen. Und in beiden Fällen genießt ein Bürger gegenüber Versuchen seiner Mitbürger, durch Erpressung oder Gewaltandrohung unmittelbar auf sein Stimmverhalten Einfluss zu nehmen, hohen rechtlichen Schutz.

In Europa sind Briefwahlen nur in der Hälfte der Länder der Europäischen Union – und unter zum Teil erheblichen Restriktionen (Dänemark,

---

8 Vgl. Lackum/Werner (2001: 27-31).

Online-Wahlen und das Wahlgeheimnis 57

Deutschland, Großbritannien, Irland, Portugal, Schweden[9]) – überhaupt zugelassen. In Frankreich wurde die Briefwahl aus Sicherheitsgründen wieder abgeschafft, weil die vielfach kommunistisch organisierten Postbediensteten als Sicherheitsrisiko galten. In anderen europäischen Ländern, wie Belgien, Spanien, Italien oder Griechenland, hat es die Briefwahl nie gegeben. In Frankreich und den Niederlanden wurde statt der Briefwahl das so genannte ‚proxy voting' eingeführt, bei dem der Geheimhaltungsgrundsatz noch weiter gelockert ist. Nach diesem Verfahren können Wähler und Wählerinnen sich aufgrund einer schriftlichen Vollmacht von einer anderen Personen bei der Stimmabgabe vertreten lassen. Praktisch bedeutet dies, dass sich Wähler durch Ehepartner, Freunde, Eltern, Geschwister oder Kinder im Wahlalter beim Wahlakt vertreten lassen können. Das ‚proxy-voting' geht von der Annahme aus, dass die beauftragte Vertrauensperson den Wahlschein selbstverständlich so ausfüllt, wie die wahlberechtigte Person es ihr aufgetragen hat.

Die Bundesrepublik nimmt also mit der Zulassung der Briefwahl im europäischen Kontext eine Art Zwischenstellung zwischen dem ‚proxy-voting' und dem Verbot der Briefwahl ein. Eingeführt wurde sie in der Bundesrepublik für die Bundestagswahlen 1957. Doch ist ihre Verfassungskonformität bis heute nicht unumstritten:[10] Das Bundesverfassungsgericht hat in zwei Entscheidungen aus den Jahren 1967 und 1981 die Briefwahl in Abwägung zwischen den Wahlgrundsätzen der Allgemeinheit und der Geheimhaltung für zulässig erklärt.[11] Es sieht die Briefwahl darin aber nur als Ausnahmebestimmung für solche Wahlberechtigte vor, die am Wahltag aus wichtigen Gründen verhindert sind. Einen Wahlschein zur Briefwahl soll danach nur erhalten, wer sich am Wahltage „während der Wahlzeit aus wichtigen Gründen" außerhalb seines Wahlbezirks aufhält oder „aus beruflichen Gründen, infolge Krankheit, eines körperlichen Gebrechens oder sonst seines körperlichen Zustandes wegen" nicht an der Wahl teilnehmen kann. Das Verfassungsgericht hielt zudem fest, dass diese Gründe „glaubhaft zu machen" sind und verlangte entsprechende Nachweise der Wähler.

Das Gericht tat sich mit dieser Entscheidung offensichtlich schwer. Denn im Prinzip ist es ohne große Umstände möglich, dass ein Briefwähler gegen das Geheimhaltungsgebot verstößt und einen anderen Bürger sein Votum offen legt.[12] Den Vorrang der öffentlich kontrollierten Präsenzwahl vor der

---

9   Vgl. die Übersicht in: LeDuc/Niemi/Norris (1996: 16-18).
10 Zu den Kontroversen über die Verfassungskonformität der Briefwahl vgl. Schreiber (1998: 479-493).
11 Vgl. Entscheidungen des Bundesverfassungsgerichts, Band 21, S. 204ff. (1967) und Entscheidungen des Bundesverfassungsgerichts, Band 59, S. 119ff. (1981).
12 „Dem Wahlberechtigten ist es bei der Briefwahl allerdings weitgehend selbst überlassen, für das Wahlgeheimnis und die Wahlfreiheit Sorge zu tragen. Der Gesetzgeber ist sich jedoch der besonderen Gefahren, die sich daraus ergeben, bewusst gewesen. Er hat die Briefwahl nicht unbeschränkt und unbedingt zugelassen, sondern nur in den Fällen gestattet, in denen der Stimmberechtigte glaubhaft macht, dass er sein Wahlrecht nicht durch per-

im privaten Rahmen durchgeführten Briefwahl sah das Gericht in seinen beiden Urteilen durch die genannten Auflagen gegeben und es sah sich darin durch die Tatsache bestätigt, dass bei den Bundestagswahlen nur eine geringe Zahl der Wähler (5-7 Prozent) von der Briefwahl Gebrauch machten.

4. Der Grundsatz der geheimen Stimmabgabe

Für die flächendeckende Durchführung von Online-Wahlen mit privaten Computern stellt sich der gerade beschriebene Vorrang der Präsenzwahl vor der Briefwahl als ein schwerwiegendes verfassungsrechtliches Problem dar. Um diese Problematik in ihrer ganzen Brisanz zu verdeutlichen, lasse ich im Folgenden noch einmal kurz die wichtigsten Begründungen für die geheime Stimmabgabe Revue passieren.

Das Institut der geheimen Stimmabgabe bei allgemeinen politischen Wahlen und Abstimmungen gehört nach heutigem Verständnis zu den Kernelementen westlicher Demokratien.[13] Es gehört zum Forderungskatalog der Allgemeinen Erklärung der Menschenrechte und ist weltweit in nahezu allen Verfassungen, die Wahlen vorsehen, aufgenommen worden. Die Begründung für das geheime Wahlrecht im bundesdeutschen Staatsrecht zielt in den einschlägigen Urteilen des Bundesverfassungsgerichts, der juristischen Fachdiskussion und richtungsübergreifend auch in den Kommentaren zum Grundgesetz auf die Sicherstellung der freien Wahl. So lautet das Argument in der ‚Allgemeinen Staatslehre' von Reinhold Zippelius: „Der Grundsatz der geheimen Wahl soll die Freiheit der Wahl sichern: jeder soll seine Stimme so abgeben können, dass niemand nachprüfen kann, wie der einzelne Wähler sich entschieden hat, so dass diesem aus seiner Stimmabgabe kein Nachteil erwachsen kann. Jeder soll also mit der Stimmabgabe unbefangen seiner wahren politischen Überzeugung Ausdruck verleihen können" (Zippelius 1988: 190). Stärker auf den Aspekt der politischen Gleichheit zielt Martin Morlok in Horst Dreiers Grundgesetzkommentar. Die Abschirmung der Stimmabgabe „neutralisiert gesellschaftliche Machtpotenziale und trägt entscheidend zur Wahlgleichheit angesichts gesellschaftlicher Unterschiede bei" (Dreier 1998: 826).

Unabhängig von solchen Nuancierungen besteht der Kern der staatsrechtlichen Begründung der geheimen Stimmabgabe in der Garantie der unverzerrten und freien Interessenartikulation der Wählerinnen und Wähler.

---

sönliche Stimmabgabe ausüben kann". Entscheidungen des Bundesverfassungsgerichts, Band 21, S. 205 (1967).
13 Zur Durchsetzung des geheimen Wahlrechts und den Argumenten ihrer Befürworter und Gegner vgl. ausführlich Buchstein (2000a).

Diese zu gewährleisten, so das Argument, vermag allein das geheime Stimmrecht.

5. Das Problem: fakultative und obligatorische Geheimwahl

Will man nun die konkrete institutionelle Ausgestaltung der Geheimhaltungsregel in der Bundesrepublik und anderen westlichen Demokratien verstehen, ist ein vergleichender Blick auf Wahlrecht und Wahlpraxis in der DDR vor der Wende hilfreich.[14] Wie das Grundgesetz der Bundesrepublik so sahen auch die beiden Verfassungen der DDR die geheime Stimmabgabe vor. Zudem wurde es im Wahlgesetz der DDR noch einmal zusätzlich aufgeführt und in seinem konkreten Ablauf genau geregelt. Dennoch wurde in der DDR in der Regel offen abgestimmt. In der überwiegenden Mehrzahl geschah dies auf folgende Weise: Die Wähler nahmen den Stimmzettel mit den Wahlvorschlägen entgegen, falteten ihn ohne Änderung zusammen und warfen ihn dann gleich in ein Auszählungsbehältnis. Zwar wurden Wahlzellen aufgebaut, doch in der Realität bestand bekanntlich ein Zwang zur offenen Stimmabgabe. Briefwahlen, bei denen geheim hätte abgestimmt werden können, waren in der DDR nicht zugelassen.

Die Staatsrechtslehre der DDR bewertete den Verzicht der Wähler auf Nutzung der Wahlkabine nicht als Verstoß gegen den Wahlrechtsgrundsatz der Geheimhaltung. Die Praxis der offenen Stimmabgabe wurde im Gegenteil als verfassungskonform offensiv verteidigt: „Die Tatsache, daß ein erheblicher Teil der Bürger [...] keine Wahlkabine benutzt [...] steht in keiner Weise gegen die Geheimhaltung der Wahl" (Graf/Seiler 1971: 259), denn „aus den Festlegungen dieses Grundsatzes im Wahlrecht der DDR folgt keine [...] Verpflichtung für den Wähler, seine Stimme geheim abzugeben. Er entscheidet selbst, ob er offen oder geheim abstimmt". Somit „widerspreche die offene Abstimmung vieler Bürger nicht dem Grundsatz der geheimen Wahl" (Autorenkollektiv 1978: 135 und 137).

Erfahrungen wie diese, bei denen es zu einem mehr oder weniger freiwilligen Verzicht der geheimen Stimmabgabe seitens der Abstimmenden kam, konnten bereits im 19. Jahrhundert nach der Einführung der Geheimwahl in den USA, England und Frankreich gesammelt werden. Im bundesdeutschen Verfassungsrecht haben diese Erfahrungen als Argument gedient, das Geheimhaltungsgebot entscheidend zu verschärfen. Das Geheimhaltungsgebot des Artikel 38, Grundgesetz ist kein fakultativ in Anspruch zu nehmender Rechtsanspruch, sondern eine Rechtspflicht für alle, die sich an der Wahl beteiligen möchten. Anders als in der DDR ist die Geheimwahl in der Bundesrepublik

---

14 Zum Ablauf der Wahlen in der DDR vgl. Kloth (2000: 51-114).

obligatorisch: „Im Interesse des Wählers ist diesem ein Verzicht auf die Geheimhaltung bei der Wahlhandlung versagt" (Schiffer 1983: 310). Die geheime Wahl ist nicht nur als subjektives Recht, sondern auch als Einrichtung des objektiven Rechts ausgestaltet. Eine Verletzung des Wahlgeheimnisses ist auch für den beteiligten Bürger strafbar; der Verstoß dagegen wird mit einer Freiheitsstrafe von bis zu zwei Jahren oder einer Geldbuße bestraft.

In der Bundesrepublik ist der Staat in die Pflicht genommen, die notwendigen Einrichtungen für die obligatorische Geheimwahl bereitzustellen. Zu den Gewährleistungen des Staates gehören sowohl die Bereitstellung von Mindestschutzvorrichtungen bei der Wahlhandlung (verdeckte Stimmzettel, sichtgeschützte Wahlkabinen, geeignete Wahlurnen) als auch die Zurückweisung von Wählern, die den Verfahrensvorschriften zur Sicherung des Wahlgeheimnisses zuwiderhandeln sowie die Ungültigkeitserklärung der unter Verletzung des Wahlgeheimnisses abgegebenen Stimmen. Zwar darf der einzelne Wähler sein Wahlgeheimnis nach der Stimmabgabe offenbaren, dieses darf aber nicht Gegenstand einer Überprüfung werden. Das Wahlgeheimnis bleibt dadurch gewahrt, dass allein dem Wähler bekannt bleibt, wie er wirklich abgestimmt hat und ob seine öffentlich gegebene Aussage über sein Wahlverhalten zutreffend ist oder nicht.

Abgesehen wird von der Gewährleistungslast des Staates nur in einem Fall, dem der bereits erwähnten Briefwahl. Der Briefwähler ist während des Wahlaktes auf sich selbst gestellt, die Einflussnahme außen stehender Dritter zugunsten eines bestimmten Wahlverhaltens abzuwehren. Bei der Briefwahl ist die Sicherstellung des Wahlgeheimnisses auf den Wähler abgewälzt. Es wird das Risiko eingegangen, dass dies nicht in allen Fällen gelingen mag. Das darin enthaltene Problem wird seit der Einführung der Briefwahl in der Rechtsprechung gesehen und hat dazu geführt, die Wahrnehmung der Briefwahl an Auflagen zu koppeln, die verhindern sollen, dass es zu einer „laxen Handhabung" (Münch/Kunig 1994: 611) der Briefwahl kommt. Auf diese Weise soll ihr Ausnahmecharakter gegenüber dem Regelfall der Präsenzwahl, bei dem die Geheimhaltung gewährleistet werden kann, festgeschrieben werden.

Das Verfassungsgericht hatte sich in seinen beiden Urteilen auf das damalige Faktum berufen, dass nur ein geringer Prozentsatz der Wähler von der Möglichkeit der Briefwahl Gebrauch macht und ausgeführt, dass angesichts des Ausnahmecharakters und der geringen Briefwählerzahl der administrative Aufwand einer das Wahlgeheimnis garantierenden Briefwahl nicht zu rechtfertigen sei.[15] Aus der Ausnahme ist mittlerweile eine anerkannte Norm geworden. Die Zahl der Briefwähler bei Bundestagswahlen steigt stetig an. Sie hat sich seit ihrer Zulassung von knapp 5 Prozent im Jahr 1957 auf fast 15 Prozent im Jahr 1998 verdreifacht (siehe Übersicht).

---

15 Vgl. Entscheidungen des Bundesverfassungsgerichts (1967), Band 21, 206.

Online-Wahlen und das Wahlgeheimnis 61

Übersicht: Anteil der Briefwähler an Wahlen zum deutschen Bundestag[16]

1957	4,9 Prozent
1961	5,8 Prozent
1965	7,3 Prozent
1969	7,1 Prozent
1972	7,2 Prozent
1976	10,7 Prozent
1980	13,0 Prozent
1983	10,5 Prozent
1987	11,1 Prozent
1990	9,4 Prozent
1994	13,4 Prozent
1998	14,7 Prozent

In einigen Großstadtbezirken Hamburgs, Berlins und Frankfurts lag der Anteil der Briefwähler bei der Bundestagswahl 1998 sogar bei nahezu 30 Prozent. Angesichts der steigenden Zahl von Briefwählern ist in den letzten Jahren mehrfach bezweifelt worden, ob die Argumentation des Verfassungsgerichts aus dem Jahre 1967 heute noch Gültigkeit beanspruchen könne. Verschiedene Autoren fordern, dass die Glaubhaftmachung für die Verhinderung des Wählers am Urnengang im Wahllokal, höheren Anforderungen zu genügen habe. Heute ist es in der Regel ausreichend, dass ein Wähler bei der Wahlscheinbeantragung lediglich einen vorgegebenen Grund ankreuzt. Eine vom Land Nordrhein-Westfalen eingesetzte und von Thomas Ellwein geleitete Kommission forderte 1983 angesichts der damals schon ständig steigenden Briefwählerzahlen mit Hinweis auf die Auseinanderziehung des Wahlaktes und die damit verbundene Verletzung des Gleichheitsgrundsatzes sogar die Abschaffung der Briefwahl.[17] Thomas Ellwein und Joachim Jens Hesse sehen in der Briefwahl gravierende „Möglichkeiten zum Mißbrauch" geschaffen, denn „bei der Briefwahl greifen die üblichen Kontrollen nicht. Was sich in einer Wohnung oder Krankenanstalt abspielt, bleibt unbekannt" (Ellwein/Hesse 1997: 233). Einige Kommentare konservativer Staatsrechtslehrer bezeichnen die Briefwahl denn auch zu Recht als verfassungsrechtlich „problematisch" (Isensee/Kirchhof 1987: 277) oder gar „bedenklich" (Maunz/Dürig 1994: Art. 38, Rdnr. 54) und halten eine „Einschränkung" (Isensee/Kirchhof 1987: 277) der bisherigen Praxis unbedingt für angezeigt. Angesichts der vereinfachten Handhabung und ihrer zur normalen Form der Stimmabgabe umgewandelten Praxis wäre eine neuerliche Überprüfung der

---

16 Der leichte Rückgang der Prozentangabe bei den Wahlen im Jahre 1990 erklärt sich aus der mit vielen Emotionen begleiteten erstmaligen Teilnahme der Bürger aus dem Beitrittsgebiet an den Wahlen zum Bundestag; Zu den Zahlenangaben vgl. Woyke (1998: 73). Die Zahlen für 1998 stammen aus dem Berliner Tagesspiegel vom 12. November 1998, S. 8.
17 Vgl. dazu Jesse (1985: 318).

Briefwahl vor dem Bundesverfassungsgericht möglicherweise nicht ohne Reiz.

6. Geheime Wahl am heimischen PC?

Für das Thema Online-Wahlen vom heimischen PC oder Handy aus ist dieser kleine Ausflug in die Problematik von Briefwahlen nicht ohne Brisanz. Denn wie eingangs geschildert, reklamieren Wahlreformer, dass Online-Wahlen deshalb wahlrechtlich unproblematisch seien, weil es sich dabei ja eigentlich nur um eine Art moderner Variante der Briefwahl handele.

Dies trifft nicht zu. Der Versuch, für die reguläre Online-Wahl ganz unproblematisch einen mit der Briefwahl vergleichbaren Status zu reklamieren, um daraus dann ihren Status als neue Regelform der Stimmabgabe abzuleiten, ist kein im Rahmen der gegenwärtigen bundesdeutschen Auslegung der Wahlrechtsgrundsätze gangbarer Weg. Die Zulässigkeit der Briefwahl wurde damit begründet, dass mit der Briefwahl der Allgemeinheitsgrundsatz besser gefördert werden könne und ein Verstoß gegen die obligatorische Geheimwahl angesichts der geringen Zahl von betroffenen Wählern in Kauf genommen werden könne. Für die Home-Online-Wahl lassen sich derartige Argumente nicht anführen. Moderne mobile Wähler, die auf Reisen sind oder aus anderen Gründen nicht an der Präsenzwahl teilnehmen können, haben bereits die Möglichkeit der Briefwahl. Die Home-Online-Wahl bietet keinen prinzipiell darüber hinausgehenden Erweiterungseffekt. Die Abstimmung vom PC oder Handy aus könnte nach der derzeitigen verfassungsrechtlichen Lage lediglich als Ersatz für die Briefwahl, nicht aber als Ersatz für die Präsenzwahl fungieren. Denn in diesem Fall würde die ‚Ausnahme', die mit der Briefwahl für begründete Fälle vorgenommen wurde, zum Regelfall werden.

Derartige Überlegungen mögen sich wie kleinliche juristische Finessen lesen. Ist es nicht völlig gleichgültig, ob man in der Online-Wahl nun einen Ersatz für die Briefwahl oder einen Ersatz für die Präsenzwahl sieht? Nein, das ist es nicht. Denn die Home-Online-Wahl hat eine Achillesferse, die sie mit der Briefwahl teilt. Beiden fehlt die staatlich garantierte Abschirmung des Wählers im Augenblick seiner Stimmabgabe von den Blicken anderer Wähler.

Um die damit verbundene Problematik zu verdeutlichen, ist es vielleicht hilfreich, sich einmal mögliche Verstöße gegen die Geheimhaltungsregel im Online-Verfahren gedanklich vorzustellen. Solche Verstöße unterteilen sich in zwei Fallgruppen:

Zum einen Fälle der repressiven Einflussnahme auf Wahlentscheidungen seitens des Staates, von Parteivertretern, Arbeitgebern oder von besonders engagierten Mitbürgern. Solche Fälle sind in der Bundesrepublik glücklicherweise zurzeit wohl rein hypothetisch, es gehört aber wenig Fantasie dazu, sie sich in einigen anderen Ländern der Welt als ein durchaus realistisches Szenario vorzustellen. Der obligatorische Status der Geheimwahl soll den Wähler vor solchen Versuchen der Einflussnahme schützen.

Zum anderen muss man an solche Fälle denken, in denen Wähler ihrerseits gar kein Interesse daran haben, dass ihr Verstoß gegen das Geheimhaltungsgebot entdeckt wird. Dies sind zum einen Fälle, in denen sie ihren Familienmitgliedern, Freunden oder Gesinnungsgenossen mehr oder weniger freiwillig Einsicht in ihr Wahlverhalten geben. Zu denken ist aber auch an solche Extremfälle, in denen Wähler für ihre Stimme eine Gegenleistung nehmen wollen, also beispielsweise ihre Stimme verkaufen.

In beiden Fällen ließe sich bei Home-Online-Wahlen die Geheimhaltung nur dann konsequent gewährleisten, wenn gleichzeitig in andere Grundrechte eingegriffen wird. Dies zeigt plastisch der Vergleich mit dem Geldautomaten. Der am PC Wählende genießt wie der Besitzer einer Kreditkarte vollen rechtlichen Schutz gegen jegliche Versuche, mittels Gewalt oder Erpressung auf sein Verhalten einzuwirken. In beiden Fällen besteht ein Problem der Beweissicherung. Am Geldautomat der Bank sorgen zuweilen Überwachungskameras für die möglicherweise notwendige Beweissicherung. Wollte man eine solche Kamera vor jedem Wahlvorgang an allen heimischen PCs obligatorisch installieren, entstehen Kollisionen mit Grundrechten der Privatheit. Auch wäre es für solche Fälle, in denen Wähler es darauf anlegen, dass ihr Bruch der Geheimhaltungsregel unentdeckt bleibt, gar nicht ausreichend. Wie man es auch dreht und wendet: Home-Online-Wahlen im Sinne eines Regelverfahrens der Stimmabgabe verlagern die Gewährleistungslast für die Durchführung der geheimen Stimmabgabe vom Staat auf die Wählerschaft. Für die Durchbrechung des Grundsatzes der Geheimhaltung der Wahl kann jedoch (anders als bei der Briefwahl) nicht reklamiert werden, dass sie deshalb notwendig sei, weil nur auf diese Weise dem Wahlrechtsgrundsatz der Allgemeinheit Rechnung getragen werden könne.

Mit der flächendeckenden Einführung von Wahlen und Abstimmungen am heimischen PC stehen wir also vor einer wahlrechtlichen Wegscheide: Wenn alle Wähler letztlich selbst für die Gewährleistung der geheimen Stimmabgabe Sorge tragen sollen, wandelt sich die obligatorische Geheimwahl in die fakultative Geheimwahl um.

7. Technische Lösungsvorschläge

Wer den Grundsatz der geheimen Wahl für richtig erachtet, kann sich den Argumenten für ihre obligatorische Einführung zunächst nur schwerlich entziehen. Abstrakt lässt sich die obligatorische Geheimwahl als eine Art

Selbstbindung des Wählers an einen Mechanismus, bei dem er absichtlich die Möglichkeit aufgibt, seine Wahlentscheidung von außen beeinflussen zu lassen, begründen: „The mandatory secret ballot is a scheme to deny the voter any means of proving which way he voted. Being stripped of his power to prove how he voted, he is stripped of his power to be intimidated". Oder, so Tom Schelling weiter an anderer Stelle: „It is not alone the secrecy, but the mandatory secrecy, that robs him of his power to sell his vote. He is made impotent to meet the demands of blackmailing" (Schelling 1994: 19 und 148). Die obligatorische Geheimwahl fungiert als Selbstschutz des Wählers vor Erpressungsversuchen und Androhung von Sanktionen für sein Stimmverhalten. Selbst wenn er es wollte, könnte er sein Stimmverhalten nicht dokumentieren und erst dies schützt ihn wirksam vor Einflussnahmen.

Dennoch sollte ein Wahlrechtsgrundsatz nicht allein deshalb als sakrosankt gelten, weil er zu bestimmten Zeiten gute demokratietheoretische und verfassungsrechtliche Argumente auf seiner Seite hatte. Zumindest sollte die Möglichkeit erwogen werden, dass es mittlerweile gute Gründe geben könnte, die für ein Aufweichen des strikten Geheimhaltungsgebots sprechen.

Doch wenn sie vor diese Frage gestellt werden, zucken die Anhänger von Home-Online-Wahlen ängstlich zurück. Stattdessen versuchen sie, mit technischen Lösungen die Geheimhaltung der Stimmabgabe auch bei privaten Computeranschlüssen zu gewährleisten. Leider sind die Vorschläge, dem Problem durch intelligente technische Lösungen beizukommen, bislang nicht sehr überzeugend. Drei Vorschläge werden aktuell diskutiert.

Der erste Vorschlag wurde erstmals von Andreu Riera-Jorba abgeboten. Seine Idee basiert auf den Alarmknöpfen hinter dem Tresen, mit denen sich Banken gegen Überfälle schützen. Dieser Knopf soll gleichsam virtuell nachgebaut werden. Übertragen auf die sichere Stimmabgabe bei Online-Wahlen bedeutet dies, dass die Software mit einem ‚duress-alarm' in Form einer Tastenkombination ausgestattet werden soll. Wenn der unter Druck handelnde Wähler sie betätigt, wird sein Votum automatisch markiert, ungültig gemacht und zugleich werden Polizeibehörden o.ä. alarmiert.[18]

Ein zweiter Vorschlag wurde erstmals im Mai 2001 bei der Wahl zur Studentenvertretung an der schwedischen Universität Umeå von safevote.com angewendet. Der Schutz des Wählers vor erpresster Stimmabgabe sollte durch die wiederholende, die iterative Wahl, bei der nur das zuletzt abgegebene Votum gilt, erreicht werden. Ein Wähler, der seine Stimme unter Druck abgeben musste, könnte bei diesem Verfahren sein Votum dadurch revidieren, dass er später – wenn er sich unbeobachtet wähnt – noch einmal wählt und dadurch das zuvor abgegebene Votum gleichsam überschreibt.

Beide Vorschläge, die iterative Wahl und der ‚duress-alarm', teilen einen gravierenden Schwachpunkt. In beiden Fällen lässt sich ohne viel Fantasie gut vorstellen, dass Wähler unter Druck zu Hause oder im Rahmen gemein-

---

18 Vgl. Riera (1999).

samer ‚Wahlparties' ohne Probleme daran gehindert werden können, Alarm zu schlagen oder ihre Stimme bis zum Ablaufen der letzten Wahlfrist erneut korrigiert abzugeben.

Ein dritter Vorschlag sieht vor, dass Wähler vor der Wahl ihre Computer programmieren und gleichsam selbst noch einmal verschlüsseln können, so dass zum Beispiel bei Abgabe der Stimme für ‚X' am Bildschirm in Wirklichkeit für ‚Y' votiert wurde (oder umgekehrt). Der Effekt solcher Schutzmaßnahmen ist allerdings ebenfalls als gering einzuschätzen. Denn unter Druck stehende Wähler müssen nur an andere Computer gebracht werden oder ihre Computer kontrollieren lassen.

Auch für die verschiedenen technischen Lösungsvorschläge gilt der oben bereits formulierte Satz: Wie man es auch dreht und wendet, das Home-Online-Wählen verlagert die Gewährleistungslast für die Durchführung der geheimen Stimmabgabe vom Staat auf die Wählerschaft und verstößt damit gegen die obligatorische Geheimwahl.

8. Warum noch geheime Wahlen?

Wer dennoch nicht auf die Nutzung von PCs und Handys bei Wahlen verzichten möchte, benötigt mehr Mut. Er oder sie wird nicht umhinkommen, sich aus dem vermeintlichen argumentativen Schutzwall der ‚Briefwahl-Analogie' herauszubewegen. Statt die verfassungsrechtliche Situation weiterhin zu verschleiern oder zu verharmlosen, bedarf es einer offensiven Strategie. Gefragt sind gute Argumente, aufgrund derer die Umwandlung der obligatorischen Geheimwahl in die fakultative weniger negativ bewertet werden kann als bislang. Das rechtspolitische Ziel solcher Argumente muss letztlich in einer Änderung des bundesdeutschen Verfassungsrechts bestehen. Angesichts der gegenwärtigen verfassungsrechtlichen Europäisierung ist dies kein von vornherein aussichtsloses Unterfangen.

Es gibt verschiedene Argumente, die jenseits der gegenwärtigen Verfassungslage für eine Aufhebung der obligatorischen Geheimwahl sprechen. Vier von ihnen möchte ich kurz nennen. Einige Argumente sind schlechter, andere besser.[19]

Das idealistischste Argument für die offene Stimmabgabe soll wenigstens angeführt werden, um an oft ausgeblendete demokratische Traditionen zu erinnern, auch wenn es heute wohl nicht ernsthaft für die Begründung der Aufhebung der Geheimwahl herangezogen werden kann. Ideengeschichtlich

---

19 Die folgenden Argumente setzen Überlegungen fort, die ich erstmals in Buchstein (1994) durchgespielt habe.

kann es sich auf John Stuart Mill berufen.[20] Danach ist es nicht nur unproblematisch, wenn selbstbewusste Menschen ihren Freunden und Familienangehörigen Einblick in ihr Stimmverhalten geben. Das Argument geht noch weiter und fordert seinerseits die obligatorische offene Wahl. Warum bedarf es der Geheimhaltung, wenn von Bürgern in der Demokratie ansonsten erwartet wird, dass sie in der öffentlichen Debatte voneinander lernen sollen? Geheimhaltung erzeugt nur ein Klima von Missverständnissen und Misstrauen. Durch die Aufhebung der Geheimhaltungsregel geraten die Bürger in einen argumentativen Rechtfertigungsdruck und werden besser durchdachte und stärker am Gemeinwohl orientierte Entscheidungen treffen.

Das Argument von Mill überzeugt nur im Rahmen einer ausgesprochen optimistischen Variante der deliberativen Demokratie und einer naiven politischen Soziologie. Mill und seine späteren Nachfolger setzen auf Diskussionen der Bürger in stabilen Gruppen und entsprechende Rechtfertigungsverhältnisse. Schon angesichts der individualisierenden Tendenzen der Computerdemokratie sind solche festen Konstellationen nicht zu erwarten. Insofern ist auch das Argument von Mill für die Zukunft noch weniger überzeugend, als es im 19. Jahrhundert gewesen sein mag.

Liegt das Argument von Mill auf einer sehr grundsätzlichen und abstrakten Ebene, so lässt sich das zweite Argument nur im Zusammenhang mit einer ganz konkreten wahlrechtlichen Situation und der Kritik daran anführen. Diese konkrete Situation ist das angloamerikanische Mehrheitswahlrecht des ‚the-winner-takes-it-all' und insbesondere des amerikanischen ‚electoral college' bei der Wahl des Präsidenten. Die konkrete Kritik daran ist die der Anhänger des Verhältniswahlrechts und der Abschaffung des ‚electoral college'.

Alle Versuche in den USA und England, das Mehrheitswahlrecht abzuschaffen und kleineren Parteien dadurch eine bessere Chance zu geben, waren bislang erfolglos. Christoph Bieber hat nun in einer neueren Untersuchung zum amerikanischen Wahlkampf auf ein Phänomen aufmerksam gemacht, wie das geltende Wahlrecht unterlaufen wurde. Das dabei erprobte Verfahren lässt sich zumindest als strategisches Argument für die Lockerung der Geheimhaltungsregel anführen. Es handelt sich bei dem Verfahren um das so genannte ‚vote-swapping'.[21] Darunter versteht man den via Internet vermittelten Tausch von Wählerstimmen zwischen Anhängern unterschiedlicher Kandidaten und Wahlkreise. Ein solcher Tausch ist zum Beispiel für zwei Wähler dann attraktiv, wenn beide Anhänger von verschiedenen Parteien sind, die in ihrem jeweiligen Stimmenbezirk aber keine Chance für ihre Wahl sehen, durchaus aber in einem anderen Bezirk. In den letzten Wochen vor den Wahlen kam es in den USA zu ca. 16.000 digital vermittelten

---

20 Zur republikanischen und demokratischen Tradition der Argumente für das öffentliche Stimmrecht vgl. Buchstein (2002).
21 Vgl. ausführlicher zum ‚vote-swapping' Bieber (2001).

Tauschaktionen, vor allem zwischen Anhängern der kleinen grünen Partei mit Nader als ihrem Spitzenkandidaten und den Demokraten. Angesichts der Zahl von zuletzt 573 wahlentscheidenden Voten in Florida ist dies eine beträchtliche Anzahl. Amerikanische Gerichte schlossen die ‚swap'-Angebote im Netz mehrfach, allerdings sind die rechtlichen Streitigkeiten noch nicht endgültig entschieden.

Politisch-strategisch betrachtet lässt sich im vote-swapping eine Art ‚Wahlrechtsreform von unten' (Bieber) sehen, die in Ländern mit dem angloamerikanischen ‚the winner-takes-it-all-system' korrigierend im Sinne von proportionaler Repräsentation eingreift. Aufgrund des Geheimhaltungsgebots basiert das bisherige vote-swapping auf dem blinden Vertrauen der beiden Tauschpartner. Die offene Stimmabgabe würde diese Praxis ungemein erleichtern – so man sie denn überhaupt für eine notwendige Korrekturmaßnahme des verkrusteten politischen Systems der USA im Sinne proportionaler Repräsentation erachten will.

Meines Erachtens sollten sich Überlegungen zum Status der Geheimwahl in erster Linie aber weder vom Normativismus Millscher Prägung noch von kurzfristigen strategischen Zielen – die zudem mit guten Gründen bestritten werden können – leiten lassen. Es gibt andere Argumente für die Lockerung der Geheimhaltungsregel, die zudem auch mehr common-sense haben. So kann zum einen konstatiert werden, dass das Wahlverhalten der Bürger und die Bestimmungsfaktoren von Wahlentscheidungen sich in den letzten fünfzig Jahren in westlichen Demokratien stark verändert haben. Keinen Vergleich mehr gibt es mit den engen und repressiven sozialen Netzwerken, die – contra Mill – im 19. Jahrhundert die geheime Wahl notwendig machten, um Wähler vor ihren Arbeitgebern, Pfarrern oder Honoratioren zu schützen. Moderne Gesellschaften sind demgegenüber ausdifferenziert und individualisiert. Das Szenario der Bedrohung, das bei der Einführung der obligatorischen Geheimwahl Pate stand, ist auf die hoch mobile Wählerschaft der postindustriellen Moderne längst nicht mehr voll anwendbar, womit sich zumindest eine Lockerung des Geheimhaltungsgebots rechtfertigen ließe. Diejenigen, die ihr Stimmverhalten weiterhin vor dem Einblick anderer Bürger meinen schützen zu müssen, könnten dies ja weiterhin als Option für sich behalten.

Es gibt noch ein weiteres Argument für die Lockerung der Geheimwahl. Ein zentraler, schon genannter Grund für die Geheimwahl lautet, dass nur auf diese Weise Stimmenkauf unterbunden werden könne. Und tatsächlich scheinen einige Ereignisse im Umfeld der letzten amerikanischen Präsidentenwahl eine solche Gefährdung zu belegen. So tauchten im August 2000 beim Internet-Auktionshaus eBay verschiedene Angebote von amerikanischen Wählern auf, ihre Stimme meistbietend zu versteigern. Die Preise begannen bei ein bis zwei Dollar und gingen bis etwa zehn Dollar. Der Betreiber eBay zog die Angebote aus dem Verkehr, weil der Kauf und Verkauf von Stimmen in den

USA illegal ist.[22] Ein Internet-Seiten-Betreiber ging noch weiter. Auf einer Seite mit dem Namen ‚vote-auction.com' bot er nach Bundesstaaten vorsortierte Stimmenpakete zum Verkauf an, für die nach eigenen Angaben hohe Gebote eingingen (260.000 Dollar für insgesamt 21.000 Stimmen). Aber auch diese Geschäfte kamen nicht zustande, weil amerikanische Gerichte die Online-Börse sofort schlossen. Und bei dem Betreiber der Seite handelte es sich um einen österreichischen Aktionskünstler, dem es gar nicht um den Kauf und Verkauf von Stimmen ging.[23]

Dabei wäre es völlig ungefährlich gewesen, die Stimmenbörse zuzulassen. Denn mit einigen mathematischen Grundkenntnissen und etwas Spieltheorie lässt sich deutlich machen, dass in großen Massendemokratien die Beeinflussung des Stimmverhaltens einer zum Teil weltweit verstreuten Wählerschaft mit Gewalt oder mit Geld ausgesprochen unwahrscheinlich ist. Die Begründung für diese These beruht auf einer ganz einfachen Überlegung, die an die Logik des bekannten ‚Paradox of Voting' angelehnt ist: In einer modernen Massendemokratie mit einem Elektorat, das zahlenmäßig in die Millionen und selbst auf kommunaler Ebene noch in die Tausende geht, ist die Wahrscheinlichkeit, dass eine einzige Stimme wahlentscheidend sein könnte, so gering, dass sich ihr Kauf nicht lohnen würde. Selbst wenn wir eine Art ‚Stimmen-Broker' einführen, die auf einer Art Aktienmarkt mit Wählerstimmen handeln, würde dies den Handel mit Stimmen angesichts des geringen Werts jeder einzelnen Stimme niemals profitabel machen. Sobald sich abzeichnet, dass das Wahlergebnis knapp werden könnte und deshalb der Preis der einzelnen Stimme vielleicht doch an Wert gewinnt, greift der Marktmechanismus von der Angebotsseite wieder korrigierend ein: Der gesamte Markt von noch nicht gekauften oder wieder neu zu kaufenden Stimmen, die bei extrem hohen Preisausschlägen wieder billiger angeboten werden könnten, drückt den Preis wieder nach unten. Der reine Marktmechanismus, so die hypothetische Überlegung, spricht eindeutig dagegen, Stimmenkäufe in der modernen Demokratie für politisch profitabel zu erachten.

Wen diese Rechnung nicht überzeugt, für den sei noch ein letzter Aspekt genannt. In einer halbwegs gefestigten demokratischen Kultur wäre es verpönt, durch Stimmenkäufe an die Macht zu gelangen. Jede Partei und jeder Kandidat, der mit Geld oder Gewalt Stimmen erwirbt, verliert gleichzeitig die Stimmen derjenigen, die in politischen Fragen keine rein egoistische Perspektive einnehmen. Die Geheimwahl schützt heutzutage wahrscheinlich weniger die Bürger vor den Gefährdungen des Stimmenkaufs, sondern ist eher eine Schutzeinrichtung für Politiker, mit der sie sich selbst darin hindern, im politischen Wettbewerb zu diesem für sie teuren, aber letztlich sinnlosen Mittel greifen zu können.

---

22 Vgl. Berliner Tagesspiegel vom 20. August 2000, S. 35.
23 Ich verdanke die Schilderung dieses Falles Bieber (2001: 201f.).

Man muss sich nicht alle von mir aufgelisteten Argumente für eine Auflockerung der Geheimwahl zu Eigen machen. Ungeachtet der Frage, wie plausibel die angeführten Überlegungen im Einzelnen sind, lässt sich aber doch abschließend festhalten: Die Lockerung der obligatorischen Geheimwahl durch das Home-Online-Voting rüttelt an einem zentralen Wahlrechtsgrundsatz des bundesdeutschen und europäischen Verfassungsrechts. Aus wahlrechtsgeschichtlicher Sicht wird es interessant zu beobachten sein, ob wir derzeit am Beginn einer wahlrechtlichen Epoche stehen, die der Geheimwahl erstmals seit über 100 Jahren wieder weniger Bedeutung beimessen wird.

Literatur

Alvarez, Michael R./Nagler, Jonathan (2000): The Likely Consequences of Internet Voting for Political Representation. http://www//s.edu/internetvoring/ivote3c.pdf: 6. Dezember 2001.

Autorenkollektiv (1978) (Hgs.): Kleines Politisches Wörterbuch. Berlin (Ost): Dietz.

Bieber, Christoph (2001): Ein Hauch von Napster. ‚Vote-Swapping' im US-amerikanischen Präsidentschaftswahlkampf 2000. In: Meier-Walser, Reinhard/Harth, Thilo (Hg.): Politikwelt Internet. Neue demokratische Beteiligungschancen mit dem Internet? München: Olzog, 198-222.

Buchstein, Hubertus (1994): Geheime oder offene Wahl? In: Leviathan 22, 1-6.

Buchstein, Hubertus (2000a): Öffentliche und geheime Stimmabgabe. Baden-Baden: Nomos-Verlag.

Buchstein, Hubertus (2000b): Präsenzwahl, Briefwahl, Online-Wahl und der Grundsatz der geheimen Stimmabgabe. In: Zeitschrift für Parlamentsfragen 31, 886-903.

Buchstein, Hubertus (2002): Öffentliche Stimmabgabe in modernen Gesellschaften. Begründungen einer Alternative im 19. Jahrhundert. In: Politisches Denken. Band 11 (Jahrbuch 2002), 131-147.

Dreier, Horst (Hg.) (1998): Grundgesetz. Kommentar. Tübingen: Mohr.

Ellwein, Thomas /Hesse, Joachim J. (1997): Das Regierungssystem der Bundesrepublik Deutschland. 8.Auflage. Köln und Opladen: Westdeutscher Verlag.

Gates, Bill (1997): Der Weg nach vorn. Die Zukunft der Informationsgesellschaft. München: Heyne.

Graf, Herbert/Seiler, Günter (1971): Wahlen und Wahlrecht im Klassenkampf. Berlin: Staatsverlag der Deutschen Demokratischen Republik.

Isensee, Joseph/Kirchhof, Paul (Hgs.) (1987): Handbuch für das Staatsrecht der Bundesrepublik Deutschland, Band 2. Heidelberg: Müller Juristischer Verlag.

Jesse, Eckard (1985): Wahlrecht zwischen Kontinuität und Reform. Düsseldorf: Droste.

Jones, Douglas W. (2000): E-Voting. Prospects and Problems. http://www.cs.uiowa.edu/jones/voting/ : 7. November 2001.

Kloth, Hans Michael (2000): Vom ‚Zettelfalten zum freien Wählen. Die Demokratisierung der DDR 1989/90 und die ‚Wahlfrage'. Berlin: Links.

Kubicek, Herbert/Wind, Martin (2001): Elektronisch wählen. In: Verwaltung und Management 7, 132-141.
Lackum, Jens von/Werner, Henning (2001): Verfassungsrechtliche Zulässigkeit des Electronic Voting. In: JuR Internet Zeitschrift für Rechtsinformatik. JurPC, Web-Dok. 137/2001, Abs 1.31.
LeDuc, Lawrence/Niemi, Richard/Norris, Pippa (Hgs.) (1996): Comparing Democracies. Elections and Voting in Global Perspective. Thousand Oaks: Sage.
Maunz, Theodor/Düring, Günter (Hg.) (1994): Grundgesetz. Kommentar. München: Beck.
Münch, Ingo/Kunig, Philipp (Hg.) (1994): Grundgesetz Kommentar. München: Beck.
Riera-Jorba, Andreu (1999): Design of Implementable Solutions for Large Scale Voting Schemes. PhD Thesis, Universitat Autonoma de Barcelona, Department d'Informàtica. Barcelona.
Schiffer, Eckart (1983): Wahlrecht. In: Benda, Erndz/Maihofer, Werner/Vogel, Hans-Jochen (Hgs.). Handbuch des Verfassungsrechts der Bundesrepublik Deutschland. Berlin: de Gruyter, 296-315.
Schily, Otto (2001): Politische Partizipation in der Informationsgesellschaft. Rede von Bundesminister Schily beim Kongress ‚Internet – eine Chance für die Demokratie' am 3. Mai 2001 in Berlin.
Schreiber, Wolfgang (1998): Handbuch des Wahlrechts zum Deutschen Bundestag. 6.Auflage. Köln: Heymann.
Schelling, Tom (1994): The Strategy of Conflict. With a New Preface. Cambridge, Mass.: Havard University Press.
Woyke, Wichard (1998): Stichwort Wahlen. 10. Auflage. Opladen: Leske und Budrich.
Zippelius, Reinhold (1988): Allgemeine Staatslehre. 10. Auflage. München: Beck.

Dieter Otten

Modernisierung der Präsenzwahl durch das Internet

1. Einleitung

Wenn wir am Wahl-Sonntag in den Dorfkrug gehen, um dort unser Kreuzchen zu machen und den Stimmzettel in einen Holzbottich zu werfen, dann – so sagt man in Holland – wählen wir immer noch wie in der Agrargesellschaft. Von daher ist es nur verständlich, dass seit den Tagen des Internetbooms heftig darüber spekuliert wird, ob man nicht über das Internet wählen können sollte, um endlich auch hier Anschluss an das Informationszeitalter zu gewinnen.

Politisch wird seit Ende der neunziger Jahre über die Rolle und Bedeutung des Internets für Wahlen debattiert. In der Wissenschaft ist das Thema sehr viel älter und hat schon eine gut 20-jährige Tradition. Allerdings ist es dort nie über theoretische Analysen hinausgekommen, die sich zudem nur auf bestimmte Aspekte des Wählens, insbesondere auf die kryptologische Problemstellung, beschränken. Eine umfassende Analyse des Wahlprozesses und den Versuch, den Wahlprozess insgesamt virtuell zu rekonstruieren – einschließlich der damit verbundenen Problematik einer virtuellen Öffentlichkeit – hat es bis zum Jahre 2000 nicht gegeben.

Am 2. Februar 2000 wurde zum ersten Mal eine rechtskräftige Wahl über das Internet abgewickelt, mit dem Anspruch, den Wahlprozess als Ganzen im Internet nachzubilden. Erst von diesem Zeitpunkt an kann man infolgedessen von einer politischen *und* wissenschaftlichen Diskussion sprechen, die sich mit dem Thema unter dem Gesichtspunkt der realen Nutzung des Internets für Wahlprozesse beschäftigt hat. Diese Internetwahl zum Studierendenparlament der Universität Osnabrück – durchgeführt im Rahmen der strategischen Initiative des Bundes „Wahlen im Internet", einem Konsortium aus Forschung, privaten Unternehmen und Wahlsachverständigen, und eingebettet in ein umfangreiches Forschungsprojekt über die Machbarkeit von Internetwahlen – hat eine Reihe wichtiger Erkenntnisse gebracht, von denen aus politischer Sicht folgende hervorzuheben sind:

- Es ist technisch möglich, Wahlen mit dem Internet durchzuführen, ohne Einbußen bei Sicherheit und Akzeptanz zu riskieren.
- Der herkömmliche Wahlakt lässt sich zum ersten Mal seit Einsatz der IT-Technologien plausibel modernisieren und rationalisieren.

- Daraus entsteht ein technologischer und reformerischer Erwartungshorizont, Wahlen zu vereinfachen, ihre Durchführung zu erleichtern und ihre Auswertung gerade bei komplexen Verfahren schneller und verlässlicher zu machen.

2. Muss der Wahlvorgang modernisiert werden?

Die vorherrschende Wahltechnik mit Papier, Bleistift und Urne hat sich in vielen Jahrzehnten des Wahlbetriebs bewährt und genießt das Vertrauen und die Akzeptanz der Wahlveranstalter und wohl auch der Wählerinnen und Wähler. Bislang gab es infolgedessen auch keine nennenswerte Diskussion über Veränderung oder Modernisierung unseres Wahlsystems. Gelegentliche Versuche, Zählmaschinen einzusetzen, haben sich nicht bewährt. Gleichwohl ist die konventionelle Wahl ein labiles Konstrukt, das den Anforderungen einer modernen Massendemokratie kaum gerecht werden dürfte. Die Geschichte der Wahlvergehen belegt, dass die Fälschung konventioneller Wahlen eine niedrige Anforderung darstellt. Die Probleme bei der amerikanischen Präsidentenwahl 2000 haben gezeigt, dass ein herkömmliches Wahlverfahren auch ohne betrügerische Absicht in die Knie gehen kann, wenn nur eine Reihe unglücklicher Umstände zusammenkommt.

Würde man die konventionelle Wahl nach heutigem Sicherheitsverständnis beurteilen, dann müsste man ihr ein zentrales Sicherheitsproblem oder ein naives Sicherheitsverständnis attestieren:

(a) Die konventionelle Wahl verfügt nicht über die geringsten technischen Barrieren, die Wahlvergehen auch bei Verschwörung, Regierungskriminalität und Terrorismus unmöglich machen oder den Betrug wenigstens nachweisen könnten. Ihre Sicherheit beruht allein auf der Komplexität der eingesetzten Verfahren, das heißt auf

- der Loyalität der WählerInnen als Staatsbürger,
- dem Vertrauen in die ethische und politische Integrität der verantwortlichen Ehrenamtlichen (Wahlvorstände, Wahlhelfer),
- der Kontrollwirkung der nach politischem Proporz zusammengesetzten Gremien und
- der Angst vor den Sanktionen des Strafrechts, die auf Wahlrechtsvergehen stehen.

Das alles verweist demokratietheoretisch gesehen auf ein hohes staatsbürgerliches Niveau. Sicherheitspolitisch gesehen ist es aber auf Dauer wenig zufrieden stellend.

(b) Die Tatsache, dass unter der konventionellen Wahl in Deutschland, der Schweiz und Österreich auch die „Briefwahl" bzw. „Korrespondenzwahl" zulässig sind, fügt diesen Sicherheitsmängeln zusätzliche Probleme erhöhter Fälschungsanfälligkeit hinzu:

- der Brief-Rücklauf weist ein erhebliches postalisches Ausfallrisiko auf,
- die Freiheit der Wahl ist bei der Stimmabgabe technisch nicht zu gewährleisten,
- die Aufdeckung des Wahlgeheimnisses ist technisch nicht unterbindbar und
- Wahlvergehen sind in jeder Hinsicht unverifizierbar.

Könnte man, wie das Bundesverfassungsgericht, über diese Mängel angesichts des Allgemeinheitspostulats für Wahlen noch hinwegsehen, solange die Brief- oder Korrespondenzwahl eine begründungspflichtige Ausnahmeerscheinung bleibt, so wachsen sich die Probleme zu einem handfesten Verfassungsskandal aus, wenn – wie in Großstädten – bald jeder dritte Wähler davon Gebrauch macht.

(c) Neben diesen Sicherheitsmängeln treten organisatorische Probleme konventioneller Wahlen auf wie:

- die wachsenden Kosten der Wahlausrichtung,
- die wachsende Schwierigkeit, freiwillige Helfer zu gewinnen,
- die Überforderung des Systems mit komplexen Wahlverfahren,
- die Fehleranfälligkeit bei der Auszählung,
- die schlechte oder nur mangelhafte Verifizierbarkeit der Fehler und nicht zuletzt
- die Zugangsprobleme für Behinderte, Blinde und andere Personenkreise.

Gleichwohl wird in der politischen und in der Fachöffentlichkeit immer noch die Position vertreten, es sei nicht sinnvoll, die bewährte Form der konventionellen Wahl durch eine neue Wahltechnologie wie dem Internet zu ersetzen oder zu ergänzen. In einer Zeit des verbreiteten Technikpessimismus erscheinen die Probleme offenbar zu unübersichtlich, die sich die Öffentlichkeit mit neuen Verfahren einhandeln könnte.

3. Ist das Internet für Wahlen geeignet?

Die Gründe für die Modernisierungsskepsis sind verständlich, fußen sie doch auf schlechten Erfahrungen mit Wahlmaschinen, Zählgeräten und anderen Modernisierungskonzepten der Vergangenheit. Speziell gegenüber dem Internet und Computern ist diese Skepsis angesichts der allseits bekannten Angriffs-Szenarien gut nachvollziehbar. Es ist eine Tatsache, dass betrügerische und bösartige Softwareprogramme (Viren, Würmer, Trojanische Pferde) auf Server- und Clientgeräten den Wahlvorgang ablauschen, das Wahlgeheimnis aufdecken und die Stimmabgabe fälschen können. Das Internet kann abgehört und mitgeschnitten werden, Botschaften weggeroutet, fehlgeleitet und zerstört werden. Server können manipuliert, Inhalte können gefälscht, Geheimnisse können ausgeforscht werden. Angreifer können durch Korrumpierung der Mitarbeiter dabei unterstützt werden. Und schließlich kann die Netzkommunikation selbst attackiert und der Zusammenbruch der Kommunikation durch ‚Denial of Service'-Attacken erreicht werden. Hinzu kommt, dass die Nachvollziehbarkeit einer Wahl, die bei einem konventionellen Wahlsystem durch Augenschein geschieht, bei elektronischen Verfahren zu Gunsten einer abstrakten Kommunikation aufgelöst wird, die nur Fachleute ernsthaft prüfen und untersuchen können, aber nicht der durchschnittlich informierte Staatsbürger als Wahlsouverän.

Angesichts dessen ist in der Tat zu fragen, ob man eine Modernisierung verantworten kann, die ein bewährtes System mit guten Erfahrungen leichtfertig aufs Spiel setzt, nur um neuen Medien und Modeströmungen nachzugeben. Doch sind solche Schlussfolgerungen nur berechtigt, wenn man das konventionelle sicherheitsnaive Wahlsystem durch ein naives Internetwahlsystem ersetzen wollte, bei dem die Wähler von ungesicherten, heute zur Ausstattung vieler Haushalte in Europa gehörenden PCs ihre Stimme abgäben und die Stimmen ohne entsprechende Identifizierung und Sicherung der Server zu elektronischen Verzeichnissen gelangten, so dass am Ende völlig unklar bliebe, wohin die Stimmen gehen, was ihnen auf dem Weg zum Auszählserver zustößt und was dort mit ihnen geschehen könnte.

Niemand, der einigermaßen seriös argumentiert, redet einem ‚naiven Wahlsystem' das Wort. Deshalb sollte auch niemand die Kritik an der Internetwahl an einem solchen Szenario aufhängen. Es lässt sich nämlich leicht zeigen, dass es sowohl Architekturen als auch Technologien gibt, mit denen sich Lösungen für das Problem der Internetwahl finden lassen, die womöglich größere Sicherheit bieten als die konventionelle Wahl. Dass es sich dabei nicht um Allerweltslösungen, sondern um hoch komplexe Verfahren der IT-Technologie und hoch kompetitive Entwicklungen der globalen Auseinandersetzung um IT-Wettbewerbsfähigkeit handelt, sollte auch in der politischen und parlamentarischen Diskussion selbstverständlich sein.

Modernisierung der Präsenzwahl durch das Internet 75

4. Das Internet wäre technisch dazu in der Lage

In den letzten 25 Jahren haben sich erhebliche technische und wissenschaftliche Erkenntnisse und Entwicklungen ergeben, die uns eine Reihe von Instrumenten liefern, um sichere und verlässliche Wahlsysteme konstruieren zu können. Die Komponenten allein garantieren noch kein sicheres System, aber sie sind Bausteine, mit denen ein sicher konstruiertes Wahlsystem errichtet werden könnte, das den verfassungsmäßigen Voraussetzungen gerecht werden dürfte. Es handelt sich bei diesen Instrumenten um:

- das System der Public Key-Verschlüsselung,
- neuere mathematische Verfahren für hart- oder unbrechbare Verschlüsselung,
- das System der digitalen Signatur,
- blinde, nur vom Erzeuger entschlüsselbare Verschlüsselungen,
- die Smart Card-Technologie,
- blinde Beglaubigungssysteme für anonyme Botschaften,
- „anonyme Kanäle" zur Lösung des ‚Traffic-Analysis-Problems'.

In den letzten fünfzehn Jahren haben sich auch beachtliche Technologien zum Schutz der Rechner durch Angriffe von außen und innen entwickelt, die unter der Bezeichnung Public Key Infrastruktur (PKI) zusammenfasst werden. Heute ist gute Firewallsoftware in der Lage, ein Höchstmaß an Sicherung durch entsprechende Filterungsverfahren zu leisten. Bei Wahlen würde sich die Leistungsfähigkeit solcher Firewalls noch potenzieren, weil nur eine einzige Nachrichtenstruktur, nämlich die zugelassene Form eines Votums, durchgefiltert werden müsste. Alle anderen Kommunikationsarten, mit denen in der Regel betrügerische Softwareprogramme auf Servern platziert werden, würden von vornherein ausgeschlossen sein.

Im Rahmen der PKI haben sich in den letzten Jahren zudem technische Konzepte für die physische Sicherheit von Datenservercentren herausgebildet, so genannte ‚Internet Service and Security Center', die höchste Sicherheit, Redundanz und Verfügbarkeit auf einem Niveau liefern können, das mit den Sicherheitsansprüchen von Fort Knox vergleichbar ist. Diese Center bieten ihre Sicherheit als Dienstleistung auch im ‚Housing'- und ‚Hosting'-Verfahren, weshalb Sicherheit nicht nur technisch machbar, sondern auch ökonomisch vertretbar wird.

Angesichts dessen sprechen Sicherheitsfachleute heute weniger von High-Tech-Gefahren, als vielmehr von Low-Tech-Bedrohungen. Wenn überhaupt in Hochsicherheitssysteme eingebrochen werden kann, dann durch die Korrumpierbarkeit der Administratoren, die Angreifern von außen Passwörter und Sicherheitscodes verraten oder Hintertüren öffnen. Zu den besonderen Aspekten der Public Key Infrastruktur gehört daher ein qualifiziertes „Hochsicherheitsmanagement", bestehend aus Personalmanagement, Autorisierungen bzw. Zugangsberechtigungen, insbesondere aber in Form von sicheren Architekturen, die so angelegt sind, dass Sicherheit auch bei einem „skeptischen Sicherheitsaxiom" (Technik versagt, Codes werden gebrochen, Kompetenzträger sind korrupt) gewährt werden kann.

5. Wissenschaftlicher Konsens über sichere Internet-Wahlsysteme

Aufbauend auf diesen Komponenten gibt es in der Kryptologie eine Diskussion über Wahlsysteme, die ebenfalls mindestens zwanzig Jahre alt ist. Wesentliche Komponenten der genannten Verteidigungstechnologien sind nicht zuletzt durch die Diskussion über Wahlsysteme entwickelt worden, wie z.B. blinde Beglaubigungssysteme oder anonyme Kanalsysteme. Es besteht in dieser Diskussion Konsens, dass ein funktionierendes Wahlsystem folgende zehn Merkmale aufweisen muss:

- Die Stimmabgabe muss von einem Client-Server-System aus geschehen, bei dem sowohl die Client-Computer („Stimmgeräte") als auch jene Server, die prüfen, speichern und auszählen, vor Angriffen von außen absolut sicher sein müssen.
- Die Identifizierung muss durch eine auf einem Chipkartenmedium basierende *Digitale Signatur* erfolgen, bei der die *Autorisierung* mindestens über PIN, wenn nicht gar über *Biometrie,* erfolgen muss.
- Die Echtheit und Gültigkeit dieser Informationen muss über ein *unabhängiges Trustcenter* gewährleistet werden, das auf gesetzlicher Basis und unter Kontrolle einer entsprechenden Aufsichtsbehörde funktionieren muss.
- Alle Verschlüsselungsakte müssen nach dem *PKI-Prinzip* mindestens ab einer Höhe von 1.024 Bit – wenn nicht 2.048 Bit – erfolgen und nach dem Prinzip der digitalen Signatur signiert werden. Ob die Übermittlung der Botschaft zusätzlich noch durch so genannte symmetrische Schlüssel (Session Keys) verschlüsselt werden soll, ist hingegen umstritten.
- Die Wahlentscheidung selber (das „Votum") muss in einem *blinden Beglaubigungssystem* von derjenigen Autorität signiert werden, die die Wahlautorisierung prüft, jedoch so, dass sie den Inhalt definitiv nicht lesen kann.
- Dadurch soll es möglich werden, die Signatur des Wählers durch die beglaubigte Signatur der Zertifizierungsauthorität zu ersetzen und das Votum auf diese Weise anonym zu machen. Ob die Anonymität zusätzlich durch das System eines anonymen Kanals (Mixsysteme, Onion

Router) verstärkt werden muss, ist umstritten – zumindest, wenn *nicht* von Korrespondenzgeräten aus gewählt wird.
- Der Wähler muss durch die Anordnung des Wahlsystems die alleinige Berechtigung für den Stimmabgabevorgang besitzen, denn nur dadurch kann verhindert werden, dass Wahlvorstandsserver Urnenservern für Nichtwähler zertifizierte, aber illegale Voten zusenden und die Urnen manipulieren.
- In einem sicheren Wahlsystem muss ferner das Prinzip der verdeckten Auswertung angewendet werden, so dass diejenigen, die die Voten während des Wahlfensters sichern, keine Möglichkeit haben, auf den Inhalt der Voten und die Auszählung Einfluss zu nehmen.
- Beide Stränge – die Aufsicht über die Urnen und der Auszählungsvorgang – müssen dabei unter öffentlicher Kontrolle geschehen.
- Schließlich muss ein Wahlsystem nicht nur individuell, sondern auch universell verifizierbar sein, so dass alle Akte und die Integrität aller Schritte zwischen Stimmabgabe und Auszählung überprüft werden können.

6. Entwicklung eines praktikablen Wahlsystems

Ein solcher wissenschaftlicher Konsens reicht jedoch nicht aus, um ein wirklich vertrauenswürdiges Wahlsystem zu errichten. Denn es gibt eine Reihe von Problemen, die nicht überzeugend gelöst sind:

- So gibt es bisher keine überzeugende Vorstellung über die verdeckten Auswertungssysteme. Es konnte bisher nicht gezeigt werden, dass die angestrebte Sicherheit tatsächlich erreicht wurde.
- Ein weiteres Problem wird in der Literatur nur am Rande erwähnt, nämlich der so genannte ‚Denial of Service'-Angriff, bei dem durch Überschütten der Server mit unsinnigen Anfragen die Funktionsfähigkeit des Systems für bestimmte oder längere Zeit oder sogar dauerhaft außer Kraft gesetzt werden kann. Der Verweis auf Public Key Infrastruktur zur Behebung solcher Angriffe überzeugt in dem Zusammenhang nicht.
- Außerdem mangelt es allen bisher vorgeschlagenen Systemen an Leistungsstärke und Effizienz. Keines der Systeme ist offenbar unter dem Gesichtspunkt entwickelt worden, den Einsatz in einer tatsächlichen Wahl zu überstehen.

Der Grund für diese Mängel liegt u.a. im Erkenntnisinteresse der beteiligten Wissenschaftler in diesem Bereich. Sie sind an Wahlprotokollen im Wesentlichen aus kryptologischen Überlegungen interessiert. Aber die praktische

Erfahrung mit unseren Wahlexperimenten hat gezeigt, dass gute Kryptologie noch keine Voraussetzung für ein funktionierendes Wahlsystem ist, denn am Ende muss ein sicheres, nutzerfreundliches und einfach zu handhabendes System stehen und keine kryptologische Doktorarbeit.

Das von der Forschungsgruppe Internetwahlen entwickelte ‚i-vote'-Protokoll ist – so glauben wir – eine praktikable Antwort auf diese Probleme, denn einerseits rekurriert es auf die beschriebenen Komponenten von der digitalen Signatur, über das blinde Beglaubigungssystem bis hin zum verdeckten Auswertungssystem. Andererseits enthält das ‚i-vote'-Verfahren weit darüber hinausgehende Lösungen, um die genannten Probleme zu beheben und die notwendige Leistungsfähigkeit zu erreichen:

- Das ‚i-vote'-Verfahren löst den Anspruch ein, dass die Wählerinnen und Wähler bei der elektronischen Stimmabgabe keine anderen Anforderungen erfüllen und keine anderen Verweilzeiten hinnehmen müssen, als sie aus der Nutzung der konventionellen Wahl gewöhnt sind.
- Deshalb orientiert sich das ‚i-vote'-Protokoll an dem Ziel, den gesamten Abstimmungsvorgang einfacher, leichter, verständlich und besser zu gestalten. Das geschieht durch einen funktionalen Nachbau der konventionellen Wahl, verlangt aber eine Reihe nur elektronisch möglicher Verbesserungen des Wahlaktes.
- Das ‚i-vote'-Protokoll überführt das Prinzip der Gewaltenteilung, das implizit in der konventionellen Wahl enthalten ist (Wahlvorstand/Urne), in eine digitale Gewaltenteilung: Es wird technisch unmöglich gemacht, was im konventionellen Wahlverfahren nur durch Anordnung der Kompetenzen geregelt ist.
- Das Schutzproblem der Kommunikationswege wird dadurch bewältigt, dass Transportinformationen stets nur die Identität des Wählers oder nur das wahlamtsignierte Votum beinhalten. Beide Informationen zusammen werden niemals entschlüsselbar kommuniziert. Da beide Informationen aber je einzeln bekannt sein dürfen, sind Angriffe auf die Kommunikationswege insoweit unsinnig.
- Das Problem des Zeitabgleichs wird durch Abhören beider Kommunikationsstränge mittels kontinuierlichen Versendens von Botschaften verhindert. Im Psephor wird das Reihungsproblem durch Eliminierung der Zeiteinträge ausgeschaltet.
- Ein ‚i-vote' sicheres Client-Server-System wird dadurch erreicht, dass Stimmstationen nur mit generischen Wahlbrowsern und Betriebssystemen auf optischen Speichermedien und nur auf Servern in hoch sicheren IT-Umgebungen mit entsprechender Public Key Infrastruktur betrieben werden.
- Das Traffic-Analysis-Problem wird auf eine einfache und effiziente Weise bewältigt: Der Psephor benötigt keine Information über die Wahlstation, da der Wahlstatus über den Validator, den Wahlvorstandsserver,

Modernisierung der Präsenzwahl durch das Internet

kommuniziert wird. Wird Korrespondenzwahl nicht unterstützt, ist die Wahlstation in einem öffentlichen Wahlraum selbst Anonymitätsfaktor oder kann offline mit einem Mix verknüpft sein. Wenn Korrespondenzwahl allerdings unterstützt werden soll, dann wäre ein anonymer Kanal *absolut unerlässlich*.

- Die organisatorische Lösung der informationellen Gewaltenteilung besteht darin, dass die Administratoren der Server, die den Wahlvorstand repräsentieren, institutionell strikt getrennt sind von denen, die die Urnenserver administrieren. Diese Trennung gilt nicht nur rechtlich und personell, sondern auch physisch für unterschiedliche Hochsicherheitszentren. Beide müssen unter öffentlicher Kontrolle stehen! Diese Lösung beruht auf der Wahlarchitektur.
- Das blinde Beglaubigungssystem von ‚i-vote' sieht vor, dass alle Wahlvoten mit der Signatur des Wahlvorstandes des Stimmbezirks signiert sind. So verschlüsselt liegen sie in der Urne und könnten von den Urnenadministratoren selbst dann nicht verändert werden, wenn diese Zugriff zum System hätten und den Schlüssel des Wahlvorstandes besäßen.
- Da die Urnenserver aber unter öffentlicher Kontrolle stehen, wäre ein solcher Zugriff in jedem Falle auch administrationstechnisch auszuschließen, weil er physisch unmöglich ist.
- Entschlüsselt werden können die Voten nur mit dem privaten Schlüssel des Wahlvorstandes und deshalb müssen sie zur Auszählung von den Urnenservern an die Wahlvorstandsserver gesendet werden und können nur dort nach Ablauf eines Zeitschlosses (z.B. 18.00 Uhr) entschlüsselt und gezählt werden. So kann ausgeschlossen werden, dass die informationelle Gewaltenteilung unterlaufen wird, selbst wenn jede Seite korrupt ist.
- Verschlüsselungen nach dem PKE-Prinzip – sei es nach dem RSA-System oder nach höherwertigen Verfahren – können natürlich keinen ewigen Sicherheitsanspruch begründen. Sie brauchen das in diesem Protokoll auch nicht. Einen längeren Schutz als für die Zeit der Wahldurchführung benötigen die Voten im Psephorserver nicht, denn sie müssen nur davor bewahrt werden, vorzeitig ausgezählt und veröffentlicht zu werden.
- Es kann nicht gezeigt werden, dass dieser Sicherheitsanspruch durchbrochen werden kann. Auch eine zukünftige Rechnerleistung auf der Basis von Quantencomputern fällt als Argument aus, da eine Entschlüsselung der Botschaften nach dem Wahltag keinen Sinn ergibt, weil dann alle Informationen öffentlich sind.
- Im Übrigen gilt, dass eine Verschlüsselung im Zeitalter der Quantencomputer mit Quantenkryptografie erfolgen würde, so dass die eben gemachte Aussage auch dann zutrifft.

Ein Problem der Datenübertragung kann auch im ‚i-vote' nicht gelöst werden und stellt eine dauerhafte Herausforderung dar:

- Es kann nicht gezeigt werden, dass sich Angriffe, die die Unterbrechung oder Behinderung der Kommunikationswege zum Ziele haben, wirklich und dauerhaft ausschalten lassen.
- Solche Angriffe können zu unzumutbaren Leistungseinbußen oder aber auch zum Totalausfall der Kommunikation während des gesamten Zeitraums der Wahl führen.
- Es gibt zwar eine Reihe technischer Strategien und Konzepte, solchen Angriffen durch Hardware, Software und Management entgegenzuwirken, aber es muss davon ausgegangen werden, dass Kommunikationsnetze durch massive ‚Denial of Service'-Attacken oder physische Angriffe für längere Zeit ausgeschaltet werden können. In einem solchen Fall könnte eine elektronische Wahl unter Umständen zusammenbrechen.
- Wenn es nicht möglich ist, ein elektronisches Wahlsystem zu konzipieren, dass auch einen solchen Angriff überstehen kann, ist eine Internetwahl nicht vertretbar.
- Die Lösung des Problems kann daher nur in einem Back-Up-System ohne Medienbruch liegen, so dass im Zweifelsfalle auch dann eine elektronische Wahl abgehalten werden kann, wenn es offline betrieben werden muss.

Mit anderen Worten: Internetwahlen können nur dann realisiert werden, wenn es ein ausreichend redundantes Offline-Back-Up-Modell gibt. Dies kann nur darin bestehen, dass in öffentlichen Wahllokalen elektronische Wahlmöglichkeiten angeboten werden. Deshalb müssen alle Stimmlokale im Normalfall über das Internet vernetzt sein, um jedem Wähler die Möglichkeit zu geben, seine Stimme in jedem beliebigen Stimmlokal auch außerhalb seines Stimmbezirks abzugeben. Bei Ausfall des Systems aber müssen sie eine elektronische Stimmabgabe auch offline ermöglichen.

Ein Internetwahlsystem muss also immer eine öffentliche Komponente haben. Darüber hinaus bietet sie noch weitere Vorteile:

- Die Back-Up-Systeme lösen bei permanenter, aber verschlüsselter Spiegelung der Urnen im Serversystem auch das Problem der unabhängigen und universellen Verifizierbarkeit des Wahlsystems durch Nachkontrolle.
- Wahllokale können in öffentlichen Gebäuden (Schulen) clusterweise zu lokalen Netzwerken zusammengefasst werden und damit ein weiteres Sicherheitsmoment darstellen (Redundanz).
- Ist die Zahl der Validatorenserver und Psephoren etwa so groß wie die Zahl der Stimmlokale, dann könnte ein unvorhergesehener Angriff auf vereinzelte Server nicht das Niveau einer wahlentscheidenden Manipulation erreichen.

- Ein ‚öffentliches Internetwahlsystem', das jedem Bürger die Möglichkeit gibt, seine Stimme in seinem Stimmbezirk abzugeben – gleich von welchem Ort er innerhalb des wählenden Gemeinwesens abstimmt – und dabei das nächste Stimmlokal stets fußläufig erreichen zu können, wäre eine adäquatere Lösung des Mobilitätsproblems moderner Wahlen, das in Ländern mit Korrespondenzwahl zu einer verfassungsrechtlich unangemessenen Aufblähung der Briefwahl führt.
- Die Einfachheit der Aufstellung ermöglicht auch, Stimmlokale an sensiblen Punkten wie Altersheimen, Krankenhäusern und Einrichtungen für Behinderte zu errichten, so dass dem Wahlzugangsanspruch für bestimmte Bevölkerungsgruppen optimal Genüge getan werden könnte.
- Schließlich löst ein ‚öffentliches Internetwahlsystem' das Problem der ungleichen Verteilung von Computern (‚Digital Divide'), digitalen Signaturen und Anwenderwissen und kann doch alle Trümpfe der Modernisierung des Wahlsystems ausspielen, die in der Nutzung der Elektronik, der Multimediatechnologie und des Internets liegen.

Die bloße Tatsache, dass das Kommunikationssystem dauerhaft attackierbar ist, zwingt also ein elektronisches Wahlsystem immer dazu, einige öffentliche Stimmlokale bereitzuhalten, die bei Ausfall des Systems für jeden Bürger für die Offline-Stimmabgabe ohne Medienbruch erreichbar sind. Das führt in der Konsequenz dazu, dass die Zahl solcher ‚Ausfall-Lokale' in etwa der Zahl der Stimmlokale entspricht, die bereitstehen. Wie immer auch die Konzeption einer Internetwahl aussehen würde, sie wäre so essenziell auf ein öffentliches System vernetzter Wahllokale angewiesen, dass sich die Frage aufdrängt, ob es für die private Wahlmöglichkeit von zu Hause überhaupt noch einen nennenswerten Nutzenvorteil gibt.

7. Das Modell der ‚öffentlichen Internetwahl'

Zumindest bei Wahlen zu parlamentarischen Gremien – vom Kommunalparlament über die Länderparlamente bis hin zu den Wahlen zum Bundestag und Europaparlament – verstehen wir aus den oben genannten Gründen unter ‚Internetwahlen' die Stimmabgabe an elektronischen Stimmstationen in vernetzten Wahllokalen, die nach dem beschriebenen Wahlprotokoll funktionieren.

Damit ändern sich zwar eine Reihe technischer Einzelheiten in der Wahlabwicklung, der öffentliche Akt der Wahl selbst aber ändert sich durch die Internetwahl nicht. Die Internetwahl macht den Wahlvorgang vielmehr einfacher, leichter und wählerfreundlicher:

- Mit einer digitalen Signaturkarte ausgerüstet treten die WählerInnen am Wahltag an ein Stimmgerät in irgendeinem Stimmlokal oder an eine Stimmabgabestation in einem sonstigen öffentlichen Wahlraum,
- sie weisen sich durch ihre Signaturkarte aus, autorisieren sie mit PIN (heute) oder Handabdruck (morgen),
- sie werden automatisch zum Wahlamtserver und von dort in ihr zuständiges Stimmlokal geroutet,
- sie erhalten von dort die Wahlunterlagen (Stimmzettel mit Listen, Parteien, Kandidaten) auf den Bildschirm,
- sie vollziehen ihre Wahl, bestätigen, versiegeln, verschlüsseln, anonymisieren ihr Votum – alles mit einem Fingerdruck auf dem Bildschirm – warten wenige Sekunden auf das blind vom Wahlvorstand signierte Votum,
- sie entfernen per Fingerdruck auf dem Bildschirm alle Hinweise auf ihre Person, senden das Votum selbsttätig an den für ihr Stimmlokal zuständigen Urnenserver und
- schließen den Wahlvorgang durch Entnahme der Signaturkarte ab, wenn sie von ihrem zuständigen Wahlamtserver die Bestätigung des Stimmeingangs erhalten haben.

Die Stimmen bleiben während des gesamten Wahlzeitraums sicher im Urnenserver, werden nach Ablauf der Wahl von dort automatisch an die Wahlamtserver gesendet, maschinell kontrolliert entschlüsselt und in wenigen Minuten nach Wahlende elektronisch „verdeckt" ausgewertet. Das vorläufig endgültige Wahlergebnis könnte so eine Stunde nach dem Wahlende bekannt sein. Das mag jene nostalgisch stimmen, die den Nach-Wahl-Shows anhängen. Andere wiederum mögen sich über die früher einkehrende Normalität der gewohnten Fernsehunterhaltung freuen.

8. Der Modernisierungspfad für ‚Parlamentarische' Wahlen

Wir kommen damit nach fast zweijähriger Forschungs- und Entwicklungsarbeit zu dem technisch, wahlsoziologisch wie verfassungsrechtlich nicht unerheblichen Urteil:

1. Die Modernisierung des Wahlverfahrens durch Nutzung elektronischer Wahltechnologien unter Einschluss des Internets ist nicht nur möglich, sondern im Rahmen des hier vorgestellten öffentlichen Wahlsystems auch sicherheitstechnisch und -politisch, rechtlich und soziologisch uneingeschränkt zu verantworten.

Modernisierung der Präsenzwahl durch das Internet

2. Die Modernisierung des Wahlverfahrens durch Nutzung des Internets ist angesichts der Sicherheitsmängel, insbesondere der Briefwahl und der organisatorischen Probleme herkömmlicher Wahlen geradezu geboten.

Es ist eben nicht so, dass unser herkömmliches Wahlsystem einfach nur deshalb, weil kaum Fälschungen oder Wahlvergehen nachgewiesen werden können, schon gut und sicher wäre. Das Problem der massenhaft missbrauchten Briefwahl offenbart zudem, dass in Ballungsgebieten fast ein Drittel der Bevölkerung der herkömmlichen Wahl im wahrsten Sinne den Rücken gekehrt hat, weil das Konzept der Urnenwahl in Stimmlokalen mit Papier und Bleistift dem Mobilitätsgrad unserer Gesellschaft nicht mehr gerecht wird.

Die Internetwahl hätte das Zeug, eine plausible Lösung des Problems und die technische Alternative zum konventionellen Wählen zu sein. Allerdings in einem anderen Kontext als die meisten Befürworter von Internetwahlen erwarten mögen, die unter Internetwahlen zumeist eine elektronische Wahl vom heimischen PC aus verstehen. Diese Form ist nicht nur aus den beschriebenen Sicherheits- und Systemeinschränkungen bedenklich, sondern auch aus einer Reihe von mindestens ebenso gewichtigen wahlrechtlichen und wahlsoziologischen Gründen:

- Eine Wahl vom heimischen PC ließe sich zwar mit Smart-Card-Lesegerät, Wahl-Betriebssystem, Wahlbrowser, Start-CD, anonymen Kanälen etc. (weitgehend) sicher machen. Aber die Kosten und der Aufwand zur Herstellung des OS, der sicheren CD-Verteilung und zur funktionsfähigen Aufrüstung des PCs stünden in keinem Verhältnis zum einzigen Vorteil dieser Wahlform (Bequemlichkeit).
- Aber selbst dann, wenn alle Korrespondenzwähler von sicheren, mit sicheren Systemen arbeitenden und anonyme Kanäle verwendenden PCs wählen würden, blieben noch Sicherheitsbedenken. Es kann nicht gezeigt werden, wie die Rückverfolgbarkeit der Wähleridentität auf Basis der Telefonverbindung unmöglich gemacht werden soll.
- Eine Wahl vom heimischen PC wäre eine Korrespondenzwahl mit all den Problemen in Bezug auf die freie Wahlentscheidung. Sie wäre insoweit kein Fortschritt gegenüber der Briefwahl. Vielmehr wäre zu vermuten, dass der Missbrauch der Briefwahl bei einer elektronischen Korrespondenzwahl noch weiter um sich greifen würde und damit auch die Zweifel an der Freiheit sowie an der Auslegung des Allgemeinheitsgrundsatzes der Wahl.
- Die Wahl ist ein öffentlicher Vorgang, der sich nicht nur auf die Kontrolle bzw. Verifizierung der Wahlvorgänge bezieht, sondern vielmehr noch auf den Wahlakt. Öffentlich kann er deshalb nur sein, wenn er auch öffentlich und nicht in der Privatsphäre vollzogen wird. Darum kann in letzter Konsequenz die Korrespondenzwahl tatsächlich nur eine Aus-

nahmehandlung sein, für die es Gründe geben muss. Der Privatisierung der Wahlhandlung durch ein noch ‚bequemeres' Medium als die Briefwahl Vorschub zu leisten, wäre auf Dauer wenig zufrieden stellend.

Die ‚öffentliche Internetwahl' wäre mit Abstand das plausibelste Konzept für die Nutzung des Internets bei Wahlen – auch oder gerade bei den Wahlen, die die höchste Sicherheitspriorität beanspruchen dürfen und müssen, also die Wahlen, aus denen die Parlamente auf kommunaler und staatlicher Ebene hervorgehen (‚parlamentarische Wahlen'). Mit der ‚öffentlichen Internetwahl' würden wir bei parlamentarischen Wahlen einen gewaltigen Modernisierungsschritt hin zu einem sicheren, mobilen und nutzerfreundlichen Wahlsystem tun, das zudem auch viele ökonomische und organisatorische Vorteile bringt.

Die Pointe dieses Modernisierungspfades wäre die Reform der Präsenzwahl, so dass die organisatorischen Probleme komplexerer Wahlen, vor allem das Dilemma der steigenden Mobilität unserer Gesellschaft, gelöst werden können, ohne zugleich die Probleme einer sich ausbreitenden Korrespondenzwahl weiter zu verschärfen. Die Zulässigkeit der Briefwahl könnte damit zumindest neu problematisiert werden. Wenn es eine technisch, politisch und rechtlich zu vertretende Modernisierungsalternative gibt, kann dieses hoch bedenkliche Instrument in Zukunft entfallen.

Die Einführung von Internetwahlen ist kein trivialer Vorgang. Sie besteht nicht einfach in der flotten Einrichtung von ein paar Websites, die man von zu Hause mal so eben anklicken könnte. Sie entpuppt sich bei näherer Betrachtung als ein ziemlich umfassendes Wahlreformwerk mit nicht unerheblichen Überschneidungsmengen zum Datenschutzrecht und zu Problemen des Verfassungsrechts. Daher wird es wohl auch noch eine Weile dauern, bis wir über das Internet tatsächlich wählen können.

Aber auch der heimische PC ist nicht ganz aus dem Rennen. Unter bestimmten Bedingungen bleibt der gesicherte PC eine interessante Wahlstation dort, wo es nicht um allerhöchste Sicherheitsansprüche geht, sondern wo von vornherein andere Sicherheitsniveaus gelten dürfen. In Fällen, wo – wie bei der Sozialwahl in Deutschland heute – die Briefwahl zum Beispiel obligatorisch ist oder die technischen Probleme wie bei Personal- oder Betriebsratswahlen lokal/unternehmensweit gelöst werden können, ist die Wahl vom gesicherten privaten PC oder vom Desktop-Computer am Arbeitsplatz innerhalb administrierter Client-Netzwerke sehr wohl interessant. Wo es die Sicherheitsansprüche bei solchen Wahlen erlauben, könnte das private Korrespondenzgerät auch auf andere Weise als durch aufwendiges Verteilen von CDs gesichert werden, etwa durch Sicherheitssoftware, die vom Wahlserver heruntergeladen wird und den privaten PC überprüft. Für solche Fälle gibt es genügend technische Komponenten, die leicht zu integrieren sind.

9. Das ‚Problem' der Digitalen Signatur

Bei allen technischen Fortschritten, die wir gemacht haben, bleibt ein technisches Problem bestehen, das sich durch noch so brillante technische Lösungen von Wahlsystemen nicht bewältigen lässt. Die Identifizierung eines Wählers verlangt im elektronischen System die chipkartenbasierte digitale Signatur. Und genau hier liegt das Problem. Denn es gibt in der Tat so gut wie keine Verbreitung von digitaler Signatur und Smart Card. Eine Ursache dafür sind sicher die Kosten, eine andere die Datenschutzbedenken, die in der Signatur einen irreversiblen Schritt in Richtung gläserner Bürger sehen.

Bleiben wir zunächst bei der Datenschutzproblematik: Die Kritik an Signatur und der biometrischen Zugangsmessung, wonach deren Einsatz bei Registrierung der Daten zu Bewegungsmustern und Kontrollstrukturen führt, ist unter bestimmten Bedingungen berechtigt, jedoch nicht in jedem Fall zwingend. Wenn die Architektur der Chipkarte so gewählt wird, dass die gespeicherten Merkmale des Chipkarteninhabers in seiner individuellen Verfügung verbleiben, ist es möglich, das Prinzip der ‚Open Privacy' und der sicheren Anonymität zu ermöglichen. Die Chipkarte ist für den Kommunikations- und Transaktionsvorgang ohnehin die virtuelle Repräsentantin des Eigentümers. Deshalb ist es sinnvoll, diesen Status im Sinne eines digitalen staatsbürgerlichen Repräsentanten weiter auszubauen (‚Civis Digitalis'). Es scheint ebenso sinnvoll, der Chipkarte sozusagen ‚virtuelle Bürgerrechte' zu übertragen, damit sie die gewünschten Schutzaufgaben für die informationelle Selbstbestimmung übernehmen kann.

Dieser Status hat nun direkt etwas mit den ökonomischen Problemen zu tun. Wenn es nämlich datenschutzrechtlich und grundrechtlich möglich wird, einen chipkartenbasierten digitalen Status des Staatsbürgers zu generieren, der auch im Netz alle Bürgerrechte von der Habeas Corpus-Akte bis hin zur informationellen Selbstbestimmung einklagen könnte, dann ist auch ein digitales Ausweispapier denkbar, das einwohnermelderechtlich an jeden vergeben werden kann. Wäre das der Fall, würden Verbreitung und Pflege der digitalen Signatur zu einer Aufgabe der öffentlichen Verwaltung und allein schon durch den einsetzenden Masseneffekt (economy of scale) wirtschaftlich rentabel.

10. Physische und virtuelle Öffentlichkeit

Wir haben bereits an mehreren Flanken des Problems erkennen müssen, dass Wahlen im Allgemeinen und elektronische Wahlen im Besonderen etwas mit dem Kern- und Kristallisationspunkt von Öffentlichkeit zu tun haben. Es geht dabei um zwei Probleme,

1. um die Konstitution der Öffentlichkeit als Raum besonderer Verhaltensweisen und Rechte sowie
2. um die Ausübung von Kontrolle über die Rechtmäßigkeit und Korrektheit der Ausübung öffentlicher Vorgänge – insbesondere natürlich der demokratisch legitimierten Machtausübung im Namen der Öffentlichkeit bzw. der sie konstituierenden BürgerInnen.

Ein wesentliches Prinzip der Kontrolle ist die formelle und institutionelle Trennung der staatlichen Gewalten. Und hier beginnt das Problem: Die herkömmliche Trennung der Gewalten ist eine physische. Im Wahlakt wird sie symbolisiert durch die unterschiedliche Aufstellung der Urnen, Stimmkabinen und Wahlvorstände, die die unterschiedlichen Gewalten im Wahlakt darstellen. Prozesse im elektronischen Kommunikationsraum hingegen sind virtuell – was so viel heißt wie: physisch nicht greifbar, dennoch real.

Will man bei der Internetwahl Gewaltenteilung im virtuellen Raum realisieren, muss sie deshalb ‚informationell', also in Computersystemen und Kommunikationsprotokollen nachgebildet werden. Damit entsteht die Frage, wer die Computersysteme und Protokolle kontrollieren soll. Im informationellen Raum kann das nicht – wie in der physischen Welt – durch den Augenschein anwesender BürgerInnen oder Wahlbeobachter geschehen. Hier bedarf es neuer Organisationsformen, die das Eigentumsrecht an den Wahlserver-Systemen festlegen, die Kontrollbefugnis über Protokolle, Software und Codes definieren und die das Problem der ungleichen Informationsstände von Fachleuten und Normalbürgern lösen müssen. Um den öffentlichen Charakter der informationellen Gewaltenteilung verwirklichen zu können, müssen sie deshalb auch eine öffentliche Organisationsform besitzen.

Die öffentliche Kontrolle über die virtuellen Prozesse darf weder staatlicher noch privatwirtschaftlicher Natur sein! Deshalb sollte die Kontrolle über Urnen- und andere Server durch Bildung einer Institution neuen Typs ermöglicht werden, die stellvertretend für die Öffentlichkeit die öffentliche Kontrolle und zugleich den Bildungsauftrag wahrnimmt. Sie kann mit der Zeit sogar immer mehr Bürger in die Lage versetzen, den virtuellen Prozess zu verstehen und an der Kontrolle teilzuhaben. In die Verfügung dieser durch einen öffentlichen Wahlakt zu schaffenden Institution sollten auch alle Verfügungsrechte über die öffentlichen Server gehen, die zum Aufbau eines sicheren Urnenserversystems gehören. Nur wenn die Kontrolle über die elektronischen Urnen sich in den Händen der Öffentlichkeit und ihrer Institution befindet, lässt sich auch die öffentliche Kontrolle über ein elektronisches Wahlsystem als Ganzes erreichen. Deshalb ist es zwingend, dass diese Institution die Voraussetzungen dafür hat, Wahlsysteme und Wahlsoftware zu prüfen und zu zertifizieren, sofern sie den öffentlich akzeptierten Kriterien für Wahlsoftware und Wahlsysteme entsprechen.

Würde uns eine technische, rechtliche und institutionelle Lösung für Internetwahlen gelingen, entstünde an dieser Stelle ein interessantes datenschutzrechtliches Spin-Off: Es sind ja nicht nur die Wahlprozesse, die sich in einer virtuellen Welt der Kontrolle der Bürger entziehen. Zahllos sind die Angriffe, die der Privatsphäre in einem elektronischen Kommunikationsraum drohen und die nur noch von Fachleuten verstanden und infolgedessen auch nur von ihnen kontrolliert werden können. Soll die Demokratie nicht durch Experten- und Systemtechnokratie beschädigt oder ausgehebelt werden, müssen die Bürger selbst oder durch Bürgerinstitutionen die Kontrolle über die virtuellen Prozesse zurückerhalten oder sie sich erkämpfen. Die Wahlen stellen dabei nur die gut erkennbare Spitze des Problem(eis)bergs dar. Die schon erwähnte Architektur der Chipkarte mit der Möglichkeit, ‚Open Privacy' und die sichere Anonymität zu ermöglichen, ist dabei ein zentraler Punkt. Der Chipkarte ‚virtuelle Bürgerrechte' zu übertragen, wäre in diesem Kontext also nicht nur wahlrechtlich relevant, sondern womöglich in einem umfassenderen Sinne bürgerrechtlich. Ähnliches gilt für die digitale Signatur. Eine Architektur, die der Signatur den Charakter eines Bürgerausweises geben würde, ließe die Meldetechnik verantwortbar mit der Modernisierung des Identitätspapiers verbinden, um so die Vorteile des Systems zu nutzen, ohne die informationsfreiheitlichen Nachteile, die unter bestimmten Voraussetzungen entstehen könnten, damit einzukaufen.

Wir sehen also, die Internetwahl ist noch lange nicht am Ende der Forschungs- und Entwicklungsarbeit, doch in Zukunft stehen weniger die technischen Grundsatzfragen als vielmehr Fragen der Wahlsoziologie, des (Verfassungs-)Rechts und der Organisation im Vordergrund.

11. Schluss: Wie, wann und wo mit dem Internet wählen

Die meisten Internet-User sind offenbar eilige Leute, denn die Frage, wann es denn endlich losgehen könne mit der Internetwahl, ist die am meisten gestellte Frage. Die Antwort darauf hängt stark von dem „Wie" ab. Diesbezüglich können wir uns in absehbarer Zukunft sehr wohl ein universelles öffentliches System internetvernetzter Wahllokale oder anderer Formen öffentlicher Wahlräume vorstellen, an dessen Wahlterminals die BürgerInnen Europas treten, um mit Smart Card und Touchscreen von jeder beliebigen Stätte aus wählen zu können. Das sollte die zukünftige Technologie der Wahl sein. Doch es ist deutlich geworden, dass die Antwort auf die Frage, wann von solch einem System aus gewählt werden kann, von einer Reihe organisatorischer und politischer Entscheidungen abhängt, die nicht von den Fachleuten getroffen werden können. Dass der deutsche Innenminister am 3. Mai 2001 das Jahr 2006 für öffentliche Internetwahlen genannt hat, sollte uns zumindest optimistisch stimmen.

Daneben eröffnet sich eine zweite Ebene privater, nicht-parlamentarischer Wahlen, bei denen die Korrespondenzwahl vom einem weitgehend sicher gemachten PC eine nicht zu unterschätzende Bedeutung erhalten kann/ wird – nicht zuletzt wegen der Chancen verbesserter Wahlbeteiligung und Integration. Bezogen auf diese Alternative können wir erwarten, dass sich die Internetwahl hier bis 2006 wahrscheinlich durchgesetzt haben wird. Zumindest starten die ersten Wahlen dieses Typs in großen Unternehmen und Landesverwaltungen bereits im Jahr 2002.

Doch hängen auch diese Wahlen von einer Reihe politischer Entscheidungen ab, die natürlich für die großen politischen Wahlen unabdingbar sind. Wir wollen unsere Überlegungen daher im Lichte unserer Erfahrungen und Forschungsergebnisse damit abschließen, einige Lösungsschritte und Vorgehensweisen vorzuschlagen und anzumahnen, von denen wir glauben, dass sie in unmittelbarer Zukunft bewältigt werden müssen, wenn man die Internetwahl im Sinne der Modernisierung der Präsenzwahl einführen will:

1. Wir empfehlen, die Internetwahl bis zum Jahre 2006 zunächst bei nichtparlamentarischen Wahlen zu erproben, also insbesondere bei Wahlen zu Betriebsräten und Personalräten sowie bei der Sozialwahl. Bei diesen Wahlen sollten neben öffentlichen Wahlräumen auch Korrespondenzgeräte zum Einsatz kommen, um die PC-Strecke weiter erproben zu können.
2. Die gesetzgeberischen Voraussetzungen, um im vorparlamentarischen Raum wählen zu können, müssen umgehend geschaffen werden. Die dafür zuständigen Ministerien wie das Arbeits- und Sozialministerium (für Betriebsratswahlen, Sozialwahlen etc.) und die Landesinnenministerien und der Bundesinnenminister (für Personalratswahlen) sollten mindestens Experimentierklauseln erlassen, die den Beteiligten Rechtssicherheit bei der Durchführung internetgestützter Wahlen geben.
3. Das Problem der Zertifizierung von Wahlsoftware und Wahlsystemen muss gelöst werden. Wir empfehlen, die Landeswahlleiter bzw. die dazugehörigen Behörden mit der Klärung dieser Aufgabe zu beauftragen.
4. Neben der Zertifizierung sollte jede zum Einsatz kommende Wahlsoftware auch zugelassen (legalisiert) werden. Die Legalisierungsfrage sollte jedoch nicht von der öffentlichen Kontrolle getrennt werden. Wir empfehlen daher die Lizenzierungsinstitution mit der öffentlichen Kontrolle über die Wahl zusammenzulegen, also mit der Institution, die auch die Aufsicht der Öffentlichkeit über die elektronischen Wahlprozesse sicherstellen kann.
5. Diese Institution sollte wirtschaftlich unabhängig gestellt werden und den Charakter einer Stiftung des öffentlichen Rechts haben. Wir emp-

fehlen dem Bundesinnenministerium als dem dafür zuständigen Fachministerium, zusammen mit der wissenschaftlichen Öffentlichkeit Vorschläge dieser Art zu beraten und zur Entscheidung zu bringen. Es scheint ratsam, die rechtlichen und finanziellen Grundlagen für diese Stiftung vom Deutschen Bundestag konstituieren zu lassen.
6. Wenn die Internetwahl nicht daran scheitern soll, dass es faktisch keine Signatur gibt, dann muss die Verbreitung der Chipkartentechnologie vorangetrieben werden. Wir empfehlen deshalb die Chipkarte als digitalen Repräsentant des Bürgers im virtuellen Raum voranzutreiben und die Voraussetzungen zu prüfen, wie sich diese Technologie mit Pass- und Personalausweislösungen verbinden lässt.
7. Wir empfehlen ferner den Aufbau einer großen Zahl sicherer Wahldatenserver in entsprechenden ‚Internet Solution Centern' und befürworten ein Konzept für die Durchführung elektronischer Wahlen durch ‚Housing' und ‚Hosting'.
8. Wir empfehlen die Modernisierung des Wahlverfahrens zum Gegenstand der öffentlichen Verwaltungsreform zu machen. In den USA hat beginnend mit dem Wahldebakel bei der Präsidentschaftswahl 2000 ein massiver Modernisierungsprozess eingesetzt. Die führenden Forschungszentren der USA sind in diese Modernisierungspolitik einbezogen. Dies sollte auch in Europa angestrebt werden!
9. Die US-Bundesregierung und die einzelner Staaten wenden mehrfache Milliardenbeträge für die Erforschung der Modernisierung der Wahl auf. Wir empfehlen, in der Bundesrepublik Deutschland und in den europäischen Mitgliedsstaaten sowie auf EU- Ebene dafür ein Äquivalent zu schaffen.
10. Daher muss sich die Forschung in Europa konzentrieren auf:
    - Die Weiterentwicklung der Kryptologie, insbesondere was die Zukunft der Kryptologie (Quantenphysik) betrifft.
    - Die Sicherheit von Internet Solution Centern, die mit PKI-Voraussetzungen zu arbeiten haben, und bisher nicht Gegenstand systematischer Forschung und Entwicklungsarbeit gewesen sind.
    - Wenn die Bundesrepublik Deutschland und die Europäische Union auf diesem Bereich nennenswerte Fortschritte machen wollen, dann empfehlen wir, hier größere Forschungsmittel hineinfließen zu lassen.
    - Die Akzeptanz der elektronischen Wahl durch die Wähler wird aufgrund plausibler Annahmen unterstellt. Es gibt jedoch keine wissenschaftlichen Studien darüber. Deshalb ist es erforderlich, die Akzeptanz der Internetwahl und elektronischer Wahlgeräte in allen Bevölkerungsschichten und unter allen Aspekten zu untersuchen.
    - Das schließt auch die Ergonomie von elektronischen Wahlprozessen ein, die ebenfalls nicht erforscht ist und dringend der Bearbeitung bedarf. Die Erforschung der öffentlichen Kontrolle über elektroni-

sche Kommunikationsprozesse, Transaktion und Handlungs- bzw. Herrschaftsprozesse muss dringend vorangetrieben werden.
- Es ist nicht erforscht, wie ein ‚Civis Digitalis' tatsächlich aussehen und funktionieren könnte. In den USA ist die Arbeit an solchen Repräsentanten mit dem FROG-System vorangeschritten. Die mit der Chipkarte verbundene Möglichkeit der biometrischen Zugangskontrolle ist unterentwickelt und muss, wenn sie im Rahmen von Wahlen zum Einsatz kommen sollte, weiterentwickelt werden.
- Schließlich halten wir es für geboten, eine wissenschaftlich-politische Öffentlichkeit für die Modernisierung des Wahlverfahrens in der Bundesrepublik Deutschland und in der Europäischen Union zu schaffen, in der alle Kompetenzen aus den Kryptowissenschaften, der Computerwissenschaft, Politikwissenschaft, Wählersoziologie und Rechtswissenschaft, insbesondere der Verfassungsrechtswissenschaft vertreten sind.
- Dieses Gremium sollte bei der einzurichtenden Institution für die öffentliche Kontrolle über elektronische Prozesse angegliedert sein.

Wir halten es angesichts all dessen für denkbar, die wesentlichen Forderungen dieses Katalogs in den Jahren 2002 bis 2004 zu realisieren. Wir schlagen vor, die Sozialwahl im Jahre 2004 zu einer Art Generalprobe für die elektronischen Wahlen in Deutschland bzw. in Europa werden zu lassen.

Für das Jahr 2006 ist es realistisch, zumindest in einer Reihe von Wahlkreisen, Wahlen von vernetzten Wahllokalen aus mit elektronischer Stimmtechnologie durchzuführen, in denen die Wähler wahlkreis- und stimmbezirkunabhängig ihre Stimme abgeben können.

Angesichts der Entschlossenheit in den USA, die Modernisierung des Wahlsystems mit elektronischen Mitteln voranzutreiben, ist es keine Frage mehr, ob man in absehbarer Zeit über das Internet wählen kann, sondern lediglich, mit welcher Technologie und Plattform dies geschieht. Europäische und deutsche Technologien haben in diesem Wettbewerb eine gute Ausgangsposition. Es ist jetzt an den Parlamenten und Regierungen, aus diesem Potenzial Wirklichkeit werden zu lassen.

Herbert Kubicek / Martin Wind

Bundestagswahl per Computer?

1. Einleitung: Es tut sich was – neue Technik für Wahlen

Frau B. geht wählen

Ein Wahlsonntag im Jahr 2006: Frau B. aus Bayern trifft sich wie jedes Jahr zu einem Kurzurlaub mit ihren Freundinnen an der Nordsee. Früher hätte sie vorher die Briefwahl beantragen und durchführen müssen, doch bei dieser Bundestagswahl soll es erstmals möglich sein, auch im Urlaubsort ein Wahllokal aufzusuchen und dort die Stimme für den Heimatwahlkreis abzugeben. Frau B. will dies ausprobieren. Nach einem ausgiebigen Sonntagsfrühstück macht sie sich mit ihren Freundinnen auf den Weg. Bevor sie zum Strand gehen, suchen sie das Wahllokal in der Nähe ihrer Pension auf. Frau B. legt ihre Wahlbenachrichtigung vor, die sie wie immer schon einige Wochen zuvor von ihrer Stadtverwaltung zugeschickt bekommen hat. Der erste Wahlhelfer bittet sie, ihren Personalausweis vorzuzeigen, auch das ist kein Problem. Die nächste Wahlhelferin tippt einige Daten in einen Computer ein. Nach kurzer Wartezeit bittet sie Frau B., die mittlere von insgesamt drei Wahlkabinen, in denen elektronisch gewählt werden kann, aufzusuchen. Frau B. erhält noch eine Chipkarte mit dem Aufdruck „Kabine 2", die sie in ein Lesegerät stecken soll. Frau B. lässt sich von einer weiteren Wahlhelferin kurz die Bedienung des Computers erklären und steckt die Karte in das Lesegerät, woraufhin der Stimmzettel für den bayerischen Heimatwahlkreis auf dem Monitor angezeigt wird. Sie gibt mit der Computermaus zunächst die Erststimme für den sympathischen Abgeordneten aus ihrem Heimatwahlkreis ab und entscheidet sich dann, die Zweitstimme an eine Partei zu vergeben, die nur in Bayern kandidiert. Zur Kontrolle wird ihre Wahl nochmals angezeigt. Da sie nichts korrigieren möchte, klickt Frau B. auf den Button „An Wahlurne senden". Auf dem Bildschirm erscheint die Mitteilung, dass die Stimme erfolgreich übermittelt wurde. Frau B. nimmt die kleine Karte aus dem Lesegerät und gibt sie beim Herausgehen zurück. Jetzt kann die Strandwanderung beginnen.

So ähnlich könnte ein Wahlsonntag im Jahr 2006 tatsächlich aussehen – jedenfalls wenn es nach den Vorstellungen des Bundesinnenministeriums ginge. Auf dem Kongress „Internet – eine Chance für die Demokratie?", der am 3. Mai 2001 in Berlin stattfand, überraschte Otto Schily mit der Ankündigung, zur Bundestagswahl 2006 die Wahllokale so zu vernetzen, dass die

Bürgerinnen und Bürger ihre Stimme in jedem beliebigen Wahllokal abgeben können. Damit ist der Startschuss zur Modernisierung der bei Wahlen in Deutschland genutzten Infrastruktur gefallen. Manchem mögen die Regierungspläne nicht weit genug gehen. Wenn wir online einkaufen, Behördengänge und Bankgeschäfte auf elektronischem Weg erledigen können – warum soll es dann nicht auch möglich sein, übers Internet zu wählen?

Sicherlich gibt es gute Gründe, angesichts des fortlaufenden technologischen Wandels über eine Modernisierung des bei Wahlen eingesetzten Equipments nachzudenken. Mindestens ebenso gute Gründe sprechen aber dafür, dies wohl bedacht und behutsam zu tun, nicht den großen Wurf zu planen, sondern Schritt für Schritt vorzugehen und aus den jeweils gesammelten Erfahrungen die richtigen Schlüsse für den weiteren Verlauf zu ziehen.

Geheime Wahlen sind das Fundament jedes demokratischen Gemeinwesens. Anders als bei einer fehlerhaften Bestellung, einem falsch ausgefüllten Formular oder einer fehlgeleiteten Überweisung ist der online durchgeführte Wahlvorgang irreversibel. Es darf keine Möglichkeit geben, einmal abgegebene Stimmen aus der elektronischen Urne zurückzuholen. Wahlen via Internet müssen damit ganz anderen Anforderungen als die gängigen Online-Dienste genügen. Ein weiterer Punkt kommt hinzu: Wirbt beispielsweise eine Bank für ihr Online-Banking, kann jeder Kunde entscheiden, ob dieses Verfahren für ihn attraktiv ist, ob es ihm sicher genug ist usw. Das Vertrauen in die Zuverlässigkeit der Hausbank wird unter neuen Online-Angeboten in der Regel nicht leiden. Anders bei der politischen Wahl: Selbst wenn ein Großteil der Wählerinnen und Wähler weiterhin den herkömmlichen Weg der Stimmabgabe vorzieht, werden Zweifel an der Sicherheit der Online-Stimmabgabe oder der Verdacht, dass Wahlbetrug auf diese Weise erleichtert werden könnte, die gesamte Wahl diskreditieren. Damit schwindet die Legitimation der gewählten politischen Vertreter, wodurch letztlich sogar die Stabilität des politischen Systems ins Wanken geraten kann.

Mit der Entscheidung für ein schrittweises Vorgehen befindet sich Deutschland im Einklang mit anderen Ländern, die über die Modernisierung ihrer Wahl-Infrastruktur nachdenken. So hat beispielsweise die kalifornische Internet Voting Task Force (2000) ein Vorgehen in vier Schritten vorgeschlagen (Abb. 1):

- Zunächst wird die elektronische Stimmabgabe im zuständigen Wahllokal angeboten, so dass die technische Infrastruktur unter Kontrolle der Wahlorganisatoren bleibt und die Überprüfung der Wahlberechtigung wie bisher auf persönlichem Weg erfolgen kann. Diesem Schritt vergleichbar ist der Einsatz elektronischer Wahlmaschinen in der Stadt Köln.[1] Diese arbeiten auf der Eingabeseite mit einem Touchscreen, auf dem der Wahlzettel als Folie angebracht wird. Die Daten werden auf ei-

---

1 Vgl. dazu Ahrens-Beck (2001).

Bundestagswahl per Computer?

nem speziellen Datenträger gespeichert und per Boten zu einem Auszählungsrechner transportiert. Die Übermittlung erfolgt also nicht online.
- Der zweite Schritt sieht die elektronische Stimmabgabe von beliebigen Wahllokalen aus vor, was den Planungen des Bundesinnenministeriums für die Bundestagswahl 2006 entspricht.
- Die weitere Entwicklung könnte drittens in der Aufstellung spezieller Terminals oder mobiler Wahlgeräte im öffentlichen Raum bestehen. Die Infrastruktur bliebe weiterhin unter Kontrolle der Organisatoren, die Überprüfung der Wahlbenachrichtigung müsste nun aber auf technischem Weg erfolgen.
- Erst der vierte Schritt des kalifornischen Stufenplans sieht die Stimmabgabe an beliebigen Internet-Zugängen vor. Dies erfordert ebenfalls eine technische Lösung zur Überprüfung der Wahlberechtigung, zusätzlich hätten die Wähler selbst für die Kompatibilität und Sicherheit der für die Stimmabgabe eingesetzten Technik zur sorgen.

Abbildung 1: Stufenplan der California Internet Voting Task Force[2]

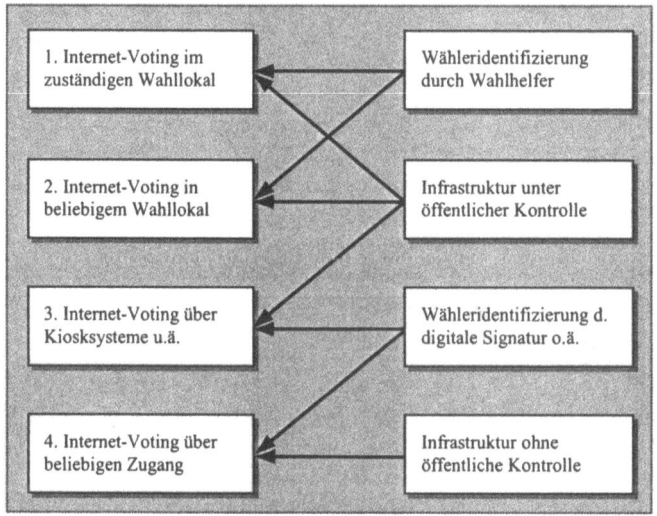

---

2   Da sich die kalifornische Task Force explizit mit Wahlen via Internet zu beschäftigen hatte, ist in ihrem Bericht durchgängig von ‚Internet Voting' die Rede. Zumindest in den ersten beiden Stufen muss die Datenübertragung aber nicht zwangsläufig über das offene weltweite Datennetz erfolgen. Ebenso wäre denkbar, die im Wahllokal abgegebenen Stimme über ein internes Netz der jeweiligen Verwaltung zu übermitteln (Intranet). Der Begriff der „Online-Wahl" ist insofern weiter gefasst als der Terminus ‚Internet-Wahl', der explizit die Datenübermittlung übers Internet meint und andere Möglichkeiten ausschließt. Beide Begriffe werden meist synonym gebraucht (übrigens auch im folgenden Text), obwohl dies nicht ganz korrekt ist.

Ist dies der Weg, um eines Tages tatsächlich vom heimischen Internet-PC oder gar vom leistungsfähigen Handy aus die Stimme zur Bundestagswahl abzugeben? Und welche Probleme müssen bis dahin noch gelöst werden? Um diesen Fragen nachzugehen, stellen wir im nächsten Kapitel zunächst dar, welche offenen Punkte zu klären sind und welcher Handlungs- und Gestaltungsbedarf sich zum gegenwärtigen Zeitpunkt abzeichnet. Anschließend beschreiben wir denkbare Entwicklungswege für Online-Wahlen in Deutschland.[3]

2. Fragen über Fragen: was noch zu tun ist

Neuigkeiten für den Wahlvorsteher

Für Herrn S. beginnt seine Tätigkeit als Wahlvorsteher bei der Bundestagswahl 2006 schon am Samstag: Techniker stellen am Vormittag einige Computer auf, anschließend werden Herr S. und die anderen Wahlhelfer in die Bedienung des Systems eingewiesen. Herr S. ärgert sich über den verlorenen Samstag, da ist auch die zusätzliche Entschädigung von € 25 kein Trost. Zum Glück verläuft am Sonntag die Inbetriebnahme der Geräte problemlos, so dass die Hotline nicht konsultiert werden muss. Als Frau B. am späteren Vormittag mit einem freundlichen „Grüß Gott!" ihre Wahlbenachrichtigung vorzeigt, sind die neuen Abläufe schon Routine: Anhand des Personalausweises überprüft Herr S., ob die Wahlbenachrichtigung tatsächlich Frau B. gehört. Er reicht die Benachrichtigungskarte an seine Kollegin weiter, die über einen aufgedruckten Nummerncode das Wählerverzeichnis des Heimatwahlkreises von Frau B. aufruft. Nun überzeugt sich die Wahlhelferin, dass Frau B. noch keine Stimme abgegeben und auch keine Briefwahlunterlagen angefordert hat. Anschließend markiert sie im Verzeichnis, dass Frau B. nun wählen will, ruft den benötigten Stimmzettel ab und schickt diesen an den gerade unbelegten Rechner in der mittleren Wahlkabine. Sie bittet Frau B., diese Kabine aufzusuchen, reicht ihr eine kleine Chipkarte mit dem Aufdruck „Kabine 2" und bittet sie, diese in das Lesegerät neben dem Monitor zu stecken. Bei Bedarf, so teilt sie Frau B. noch mit, können sich die Wählerinnen und Wähler kurz in das System einweisen lassen. Kurze Zeit später teilt ihr

---

3 Wir danken allen, die uns in zahlreichen Gesprächen und Diskussionen viele Informationen und Anregungen zum Thema zukommen ließen. Bei der Erstellung dieses Beitrags waren uns insbesondere Frau Pia Karger vom Bundesministerium des Innern, Herr Heinz-Christoph Herbertz vom Statistischen Bundesamt, Herr Jörg Glücks vom Landesbetrieb für Datenverarbeitung und Statistik Brandenburg sowie Herr Daniel Brändli von der Schweizerischen Bundeskanzlei behilflich. Detaillierte Informationen zur praktischen Durchführung und technischen Unterstützung von Wahlen verdanken wir einmal mehr Herrn Ludger Ahrens-Beck von der Stadt Köln.

Bundestagswahl per Computer?

das Wahlorganisationssystem über ein Menü auf dem Bildschirm mit, dass in der mittleren Kabine ein Wahlvorgang erfolgreich abgeschlossen worden ist. Kurz darauf verlässt Frau B. die Wahlkabine, gibt die Chipkarte zurück und gesellt sich zu ihren Freundinnen.

Schon unser Szenario zeigt, dass bis zur Bundestagswahl 2006 noch eine Reihe offener Fragen der Klärung bedürfen, z.B.:

- Könnte Frau B. auch dann im fremden Wahllokal wählen, wenn sie ihre Wahlberechtigung zu Hause vergessen hätte und sich nur mit ihrem Personalausweis identifizieren kann? Wie würde in diesem Fall schnell und zuverlässig aus der Postanschrift der richtige Wahlkreis ermittelt?
- Was geschieht, wenn die Wahlbenachrichtigung eines Wählers nicht überprüft werden kann, weil das Verzeichnis gerade nicht zugänglich ist oder der Rechner im Wahllokal abgestürzt ist? Welche Notlösung hilft, wenn die Übermittlung der Stimme an die elektronische Urne scheitert?
- Wie kommt der richtige Stimmzettel ins Wahllokal, von dort aus in die richtige Wahlkabine und anschließend in die Urne des jeweiligen Wahlkreises?
- Welche Vorkehrung kann davor schützen, dass ein Wähler aus Versehen die falsche Wahlkabine aufsucht und einen Stimmzettel für einen anderen Wahlkreis ausfüllt? (Um genau dies zu verhindern, wurde in unserem obigen Beispiel Frau B. eine Chipkarte ausgehändigt.)
- Können nur Auswärtige elektronisch wählen oder gilt dieses Angebot auch für Einheimische, die ihr gewohntes Wahllokal aufsuchen?
- Woher stammen eigentlich die benötigten Computer und wer baut sie auf?
- Wie werden nach Schließung der Wahllokale Online- und Papierstimmen zusammengeführt?

Ob und wie die Stimmabgabe zu politischen Wahlen künftig auf elektronischem Weg erfolgt, hängt von Entscheidungen, Aktivitäten und Bedingungen in fünf unterschiedlichen Feldern ab, die wir nachfolgend näher beleuchten wollen:

1. Da sind zunächst die Anforderungen an die *Technik*, die den geltenden Wahlgrundsätzen gerecht werden muss.
2. Weiterhin müssen die *rechtlichen* Rahmenbedingungen geändert werden, damit der Einsatz elektronischer Systeme bei politischen Wahlen überhaupt erst möglich wird.
3. *Organisatorisch* muss der neue Weg der Stimmabgabe mit bestehenden Verfahren (Erstellung der Wählerverzeichnisse, Überprüfung der Wahlberechtigung, Auszählung der Stimmen etc.) in Einklang gebracht werden.

4. Der Aufwand für neue Wege der Stimmabgabe muss sowohl für die Wahlveranstalter als auch für die Wählerinnen und Wähler *wirtschaftlich* vertretbar sein.
5. *Kulturelle* Hürden ergeben sich, wenn das vorherrschende Bild von einer „richtigen Wahl" im Widerspruch zum Einsatz einer bestimmten Technik steht.

2.1 Was muss die Technik leisten?

Die besondere technische Herausforderung bei Internet-Wahlen liegt darin, dass sich die Wählerinnen und Wähler zuverlässig ausweisen müssen, ihre anschließend abgegebene Stimme aber unbedingt geheim bleiben muss, also keine Rückschlüsse auf die Person des Wählers möglich sein dürfen.

Im bisherigen Verfahren ist das auf sehr einfache Weise gelöst: Die Wahlhelfer überprüfen Personalien und Wahlberechtigung, alles weitere läuft anonym ab. Bei der Briefwahl wird das Geheimhaltungsprinzip durch die Verwendung von zwei Briefumschlägen umgesetzt: Die geheime Stimme wandert in den ersten Umschlag, der gemeinsam mit dem unterschriebenen Wahlschein in einem zweiten, farblich anders gestalteten Umschlag per Post zum Wahlamt geschickt wird. Bei der Auszählung kann anhand des Wahlscheins die Wahlberechtigung überprüft werden, ohne Kenntnis von der abgegebenen Stimme zu erhalten, die im nach wie vor verschlossenen Umschlag steckt.

Die elektronische Wahl vom Wahllokal aus kann sich sehr eng an dem bestehenden Verfahren orientieren: Die Identifizierung erfolgt persönlich durch die Wahlhelfer, anschließend rufen diese den benötigten Stimmzettel auf und geben die einmalige Stimmabgabe von einem bestimmten Rechner aus frei. Die Stimme wird dann anonym an die elektronische Urne geschickt. Dort muss lediglich geprüft werden, ob sie von einem autorisierten Rechner stammt, Angaben zur Person des Wählers sind nicht erforderlich, die Anonymität bleibt gewahrt. Sobald die Stimmabgabe erfolgreich abgeschlossen ist, muss – vergleichbar dem manuellen Abhaken im dicken Wählerverzeichnis aus Papier – der Status des Wählers im elektronischen Verzeichnis automatisch geändert werden, damit eine zweite Stimmabgabe ausgeschlossen wird.

Entfällt der persönliche Kontakt zwischen Wahlhelfern und Wählern, sind neue Wege gefragt, da in diesem Fall auch die Überprüfung der Wahlberechtigung elektronisch erfolgt, bei der nachfolgenden Stimmabgabe aber Anonymität zu gewährleisten ist. Wie aber kann jemand auf elektronischem Weg geheim wählen, wenn er zuvor dem System seine Identität mitgeteilt hat?

Zum Nachweis der Wahlberechtigung könnten die aus dem Homebanking bekannten PIN/TAN-Kombinationen dienen, die den Wählern vor der Wahl zugeschickt werden müssten. Zuverlässiger wäre aber sicherlich die Verwendung elektronischer Signaturen, die auf sehr fortgeschrittenen kryptographischen Methoden beruhen. Diese Technik kann auch für Wahlen nutzbar gemacht werden. Wurde ein Wähler nun eindeutig identifiziert und wurde weiterhin festgestellt, dass er noch keine Stimme abgegeben hat, erhält er einen elektronischen Stimmzettel, der wie das Pendant auf Papier keinerlei Angaben zur Person enthält. Diese Prozedur ist allerdings nur dann vertrauenswürdig, wenn dem Wähler zu Beginn bestätigt wurde, dass er tatsächlich mit dem Wahlamt verbunden ist und nicht mit einem unautorisiert zwischengeschalteten Rechner eines Hackers, der einen gefälschten Stimmzettel ausliefert und auf diese Weise die Wahl attackiert. Diese Bestätigung wird heute mittels signierter Applets oder Anwendungen realisiert, die dem Nutzer in überprüfbarer Weise mitteilen, von wem der angeforderte Datenstrom, in unserem Fall also zunächst das Anmeldeformular und nachfolgend der Stimmzettel, stammt. Nach Ausfüllen des Stimmzettels wird dieser an die elektronische Urne geschickt, die – wie ihr Gegenstück aus Metall oder Plastik im Wahllokal – getrennt vom Wählerverzeichnis geführt wird. Dabei muss zweierlei geschehen:

1. Die abgegebene Stimme wird so verschlüsselt, dass sie erst dann wieder lesbar ist, wenn die Urne nach Ende der Wahl geöffnet und die Entschlüsselung von einer oder mehreren dazu autorisierten Person(en) veranlasst wurde.
2. Die Stimme wird mit einem Merkmal versehen, das keinerlei Rückschlüsse auf den Wähler zulässt, zugleich aber der Urne bestätigt, dass es sich um eine reguläre Stimme handelt. So wird verhindert, dass irreguläre Stimmen übers Internet in die Urne „eingeworfen" werden.

Die bisher durchgeführten simulierten oder verbindlichen Online-Wahlen[4] haben gezeigt, dass die Anforderungen einer kontrollierten, anonymen Stimmabgabe wohl erfüllt werden können. Daneben existiert eine Reihe weiterer technischer Anforderungen: Wählerverzeichnisse und Urnen müssen so geschützt werden, dass weder von außen (Hacker) noch von innen (Administratoren) Manipulationen möglich sind. Besonders schwierig wird der wirksame Schutz gegen Angriffe sein, die darauf zielen, das System durch massenhafte Anfragen an die für die Anmeldung zur elektronischen Wahl unentbehrlichen Wählerverzeichnisse lahm zu legen (Denial-of-Service-Attacken). Zum gegenwärtigen Zeitpunkt noch weitgehend ungelöst ist zudem die Frage, welche Mechanismen zur Überprüfung von Wahlergebnissen erforderlich sind und wie eine der öffentlichen Stimmauszählung im Wahllokal vergleichbare Transparenz geschaffen werden kann. In diesem Sinne wäre es sicherlich vorteilhaft, wenn der Wähler nach Abgabe seiner Stimme nochmals eigenständig überprüfen kann, ob diese auch tatsächlich an die elektronischen Urne übermittelt wurde.

---

4 Vgl. dazu den Beitrag von Nico Lange in diesem Band.

2.2 Welche rechtlichen Änderungen sind erforderlich?

Die Wahlgesetze von Ländern und Bund sehen für die Stimmabgabe den Urnengang sowie in begründeten Ausnahmefällen die Briefwahl vor. Soll ein weiterer Weg der Stimmabgabe zugelassen werden, sind Wahlvorschriften entsprechend zu ändern. Diese Anpassung des rechtlichen Rahmens ist politisch weitgehend gewollt und insofern nur eine Frage der Zeit.

Von der Entscheidung, neue Wege der Stimmabgabe zuzulassen, zu trennen ist die Frage, welche Anforderungen an das dabei eingesetzte Equipment zu stellen sind. Zu diesem Zweck müssen zum einen technische Standards verabschiedet werden, zum anderen sind Festlegungen bezüglich der zu beteiligenden Institutionen und der zu durchlaufenden Verfahren erforderlich. In Deutschland sind die Kommunen für Organisation und Durchführung von Wahlen verantwortlich, die benötigte Hard- und Software muss im Rahmen einer öffentlichen Ausschreibung beschafft werden, wobei die Vorgaben von Landes- und Bundesgesetzgebern einzuhalten sind.

Für Bundestags- und Europawahlen gilt folgendes Verfahren (Abb. 2): Das Bundeswahlgesetz ermächtigt das Bundesministerium des Innern (BMI), nähere Bestimmungen für Zulassung und Verwendung von Wahlgeräten zu erlassen. In einzelnen Fällen ist dabei Einvernehmen mit dem Bundesministerium für Wirtschaft (BMWi) herzustellen. Im September 1975 wurde die Verordnung über den Einsatz von Wahlgeräten bei Wahlen zum Deutschen Bundestag (BWahlGV) erlassen. Die Verordnung erwähnt im Ursprungstext „mechanisch oder elektrisch betriebene Geräte", erst im April 1999 wurden die Vorschriften um Bestimmungen zum Einsatz rechnergesteuerter Geräte ergänzt. Bevor elektronische Wahlgeräte aber tatsächlich bei einer Bundestags- oder Europawahl zum Einsatz kommen können, muss das BMI eine Bauartzulassung erteilen. Um die Tauglichkeit eines Systems beurteilen zu können, werden Expertisen einschlägiger Stellen wie dem TÜV, der Physikalisch-Technischen Bundesanstalt oder dem Bundesamt für Sicherheit in der Informationstechnik erforderlich sein. Fällt deren Votum positiv aus, kann die Bauartzulassung erteilt werden. Die tatsächliche Verwendung von Wahlgeräten mit Bauartzulassung muss vor jeder Wahl nochmals gesondert beantragt und genehmigt werden. Analoge Vorschriften existieren zur Durchführung von Landtags- und Kommunalwahlen.

Auch nach Änderung des Wahlgesetzes bleibt also noch viel zu tun. Dabei ist noch unklar, nach welchen Kriterien eigentlich Bauartzulassungen und Verwendungsgenehmigungen erteilt oder verweigert werden sollen. Bei den bereits erwähnten Wahlgeräten, die in Köln seit einigen Jahren eingesetzt werden, handelt es sich um einen stark Hardware-bestimmten Gerätetyp, bei dem noch vorstellbar ist, was eigentlich unter einer „Bauartzulassung" zu verstehen ist. Bei Software-basierten Systemen, die früher oder später die Wahl via Internet ermöglichen sollen, liegt es hingegen keineswegs auf der

Hand, was eine solche Zulassung beinhalten und leisten muss. Wie soll beispielsweise die Überprüfung der Wahlberechtigung geregelt und zertifiziert werden? Soll vorgeschrieben werden, dass PIN/TAN-Verfahren oder elektronische Signaturen zum Einsatz kommen müssen oder werden Vorgaben allgemeinerer Natur zu Sicherheitsstandards, Nutzerfreundlichkeit etc. gemacht und nachfolgend überprüft? Wer regelt all dies? Welche Stellen dürfen Zertifizierungen erteilen und in welchen Abständen werden einmal erteilte Bauartzulassungen überprüft? Die Antworten auf die hier aufgeworfenen Fragen werden heiß umkämpft sein, geht es doch stets auch um die Marktchancen der einzelnen Anbieter, deren Produkte auf unterschiedlichen Lösungen, Techniken und Verfahren aufbauen. Und obwohl es bei Online-Wahlen um nationale Angelegenheiten geht, müssen auch ausländische Anbieter ihre Produkte diskriminierungsfrei zertifizieren lassen können. Zu fordern ist weiterhin, dass ein Wahlverfahren samt vorgelagerter Prozesse zumindest dem interessierten Laien verständlich sein sollte. Fraglich ist, ob dies angesichts der komplizierten Regelungsmaterie, die von darauf spezialisierten Systementwicklern und Juristen bearbeitet wird, noch möglich ist. Ein abschreckendes Beispiel sind die Regelungen zum Einsatz elektronischer Signaturen, die mit der Lebens- und Erfahrungswelt durchschnittlicher Internet-Nutzer kaum etwas zu tun haben, weswegen es auch so schwer fällt, Sinn und Funktionsweise dieser Technik zu vermitteln.

Abbildung 2: Vorschriften und Zuständigkeiten beim Einsatz elektronischer Wahlgeräte für Bundestagswahlen

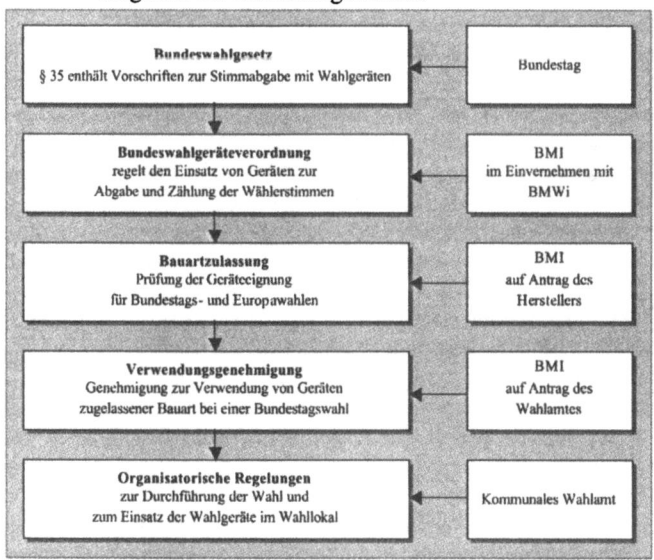

Der Anpassung des rechtlichen Regelwerks vorgelagert ist die Frage, ob die Stimmabgabe vom heimischen PC aus mit den in Artikel 38 Grundgesetz festgeschriebenen Grundsätzen allgemeiner, unmittelbarer, freier, gleicher und geheimer Wahlen vereinbar ist. Kritiker sehen insbesondere die geheime Wahl gefährdet, da der im Wahllokal garantierte Schutz vor Einsicht- oder Einflussnahme bei der Stimmabgabe im privaten Umfeld nicht unbedingt gewährleistet ist. Zwar existiert heute bereits mit der Briefwahl die Möglichkeit, außerhalb eines Wahllokals eine Stimme abzugeben. Diese Möglichkeit ist vom deutschen Gesetzgeber aber ausdrücklich als begründungsbedürftige Ausnahme konzipiert worden: Wer die Briefwahl beantragt, muss mit seiner Unterschrift versichern, dass er am Wahltag aus wichtigem Grund (berufliche Verhinderung, Krankheit, Urlaub u.Ä.) das Wahllokal nicht aufsuchen kann. Daher ist es nicht ganz zutreffend, wenn die Online-Wahl als moderne Variante der Briefwahl bezeichnet wird, da sie von ihren Befürwortern in der Regel als zweiter, dem Urnengang gleichgestellter Weg der Stimmabgabe vorgeschlagen wird. Wie der ständig steigende Anteil der Briefwähler zeigt, wird diese Form der Stimmabgabe von der Bevölkerung in immer stärkerem Maße als bequeme Alternative zur Präsenzwahl wahrgenommen. Auch diese Entwicklung wird von manchen Experten durchaus misstrauisch beäugt. Sicherlich ist nicht zu leugnen, dass in Wahllokalen die geheime Wahl am besten garantiert werden kann. Auf der anderen Seite ist es aber durchaus vorstellbar, dass in einer gefestigten Demokratie wie in Deutschland Gesetzgeber und Rechtsprechung stärker auf den mündigen Bürger vertrauen, die Obhut staatlicher Instanzen an dieser Stelle zurücknehmen und den Weg für entsprechende Änderungen im Wahlrecht freimachen.

Umstritten ist auch, ob Online-Wahlen dem Gebot allgemeiner Wahlen gerecht werden, nach dem die Teilnahme an der Wahl für alle Berechtigten in gleicher Weise gewährleistet sein muss. Da das Internet je nach Bevölkerungs- und damit auch Wählergruppe mit unterschiedlicher Intensität genutzt wird, könnte die Eröffnung eines neuen Wegs der Stimmabgabe unter Umständen zu Verzerrungen bei der Wahlbeteiligung und in der Folge auch bei den Ergebnissen führen. In den USA hatte die Interessengruppe Voting Integrity Project (VIP) gegen die Vorwahl der Demokratischen Partei in Arizona geklagt: Hispanics, Afro-Americans und Native Americans seien unterproportional mit Internet-Zugängen ausgestattet, könnten die Vorteile der elektronischen Stimmabgabe nicht nutzen und würden folglich benachteiligt. Das zuständige Gericht folgte dieser Argumentation, sah sie aber nicht als so gewichtig an, um deswegen die Online-Vorwahlen zu stoppen. In Deutschland wird ein Verstoß gegen den Grundsatz allgemeiner Wahlen wohl nur dann zu bejahen sein, wenn mit Online-Wahlen die bestehende Infrastruktur, z.B. durch Reduzierung der Wahllokale, so verändert würde, dass Wählergruppen, die nicht über das Internet wählen können oder wollen, ernsthaft benachteiligt würden. Derartige Planungen sind in Deutschland derzeit aber an keiner Stelle erkennbar.

Bundestagswahl per Computer?

Während die elektronische Stimmabgabe in Wahllokalen verfassungsrechtlich unbedenklich ist, wird die Auseinandersetzung um die Wahrung der Wahlgrundsätze bei ‚richtigen' Internet-Wahlen sicherlich um so intensiver geführt werden, je näher die Realisierung dieser Option rückt. Doch selbst wenn sich die Position durchsetzen sollte, an der geheimen Wahl in bewährter Weise festzuhalten, müssen auch für die Online-Stimmabgabe in den Wahllokalen die beschriebenen rechtlichen Änderungen sowie die Regelungen für die Zulassung der technischen Systeme auf den Weg gebracht werden. Daher sollte bei der Gestaltung von Rechtsrahmen und Verfahren nicht erst auf ein Grundsatzurteil des Bundesverfassungsgerichts gewartet werden.

2.3 Wie werden Wahlen zukünftig organisiert?

Wie unser Szenario zeigt, entsteht mit neuen Wegen für die Stimmabgabe Bedarf nach neuen organisatorischen Regeln und Maßnahmen: Genügte es für den Wahlvorstand bislang, einige Zeit vor Öffnung der Wahllokale zu erscheinen und die notwendigen Vorbereitungen zu treffen, benötigt die Inbetriebnahme der technischen Infrastruktur, die für die Stimmabgabe vom beliebigen Wahllokal aus erforderlich ist, längeren Vorlauf. Die Wahlhelfer müssen in die Bedienung der Technik eingewiesen werden, technische Probleme am Wahltag müssen schnell behoben werden können, wozu von der Telefon-Hotline bis zum Blaulicht-bestückten Einsatzfahrzeug eine ganze Reihe von Maßnahmen denkbar (und wohl auch erforderlich) ist. Auch Anlieferung, Bewachung, Abtransport und Aufbewahrung der eingesetzten Geräte ist zu klären. Für die Wahlorganisatoren wird also vieles erst einmal komplizierter.

Weiterhin bedürfen bestehende Regelungen und Routinen der Anpassung. Dies zeigt sich exemplarisch bei der Überprüfung der Wahlbenachrichtigung. Bislang genügte ein Verzeichnis aus Papier. Darin wurden die Namen der Wählerinnen und Wähler nach Übergabe der Stimmzettel abgehakt, zweimaliges Wählen war damit ausgeschlossen. Wer als Briefwähler eingetragen war, konnte durch Vorlage des übersandten Wahlscheins nachweisen, noch keine Stimme abgegeben zu haben, und wurde ebenfalls zum Urnengang zugelassen.

Die Tage dieses Verfahrens scheinen gezählt. Damit Wählerinnen und Wähler aus Bayern ihre Stimme kurz vor dem Strandspaziergang in einem Wahllokal an der norddeutschen Küste abgeben können, müssen die dortigen Wahlhelfer auf das Wählerverzeichnis der bayerischen Heimatgemeinde zugreifen können. An die Stelle des dicken Papierstapels tritt das Online-Wählerverzeichnis. Nur: Welches Wählerverzeichnis wird das sein? Die Wahldurchführung vor Ort unterliegt den Kommunen, die für ihren Zuständigkeitsbereich auch das Wählerverzeichnis führen. Sie tun dies auf ganz unterschiedliche Weise, manche nutzen dieses Techniksystem, andere jenes.

Wenn künftig von allen Wahllokalen der Republik aus der Zugriff auf alle Wählerverzeichnisse möglich sein soll, bedeutet dies eine enorme technische und organisatorische Herausforderung. Grundsätzlich stehen zwei Varianten zur Auswahl: Entweder wird ein bundesweites Verzeichnis aufgebaut, in das alle Kommunen bis zum Stichtag X die Daten aus ihrem Bereich in einem festgelegten Format einstellen. Oder es wird lediglich das Format der Datenbestände vereinheitlicht und die Kommunen selbst müssen dafür Sorge tragen, dass mit einer zuvor vereinbarten Technik online darauf zugegriffen werden kann. Die erstgenannte Variante wäre sicherlich die wirtschaftlichste, kollidiert aber mit Ansprüchen und Praxis der kommunalen Selbstverwaltung. Zudem ist der Aufbau eines zentralen Verzeichnisses aller wahlberechtigten Bundesbürger aus Sicht des Datenschutzes auf absehbare Zeit undenkbar. Die zweite Variante ist das genaue Gegenteil: rechtlich unbedenklich, wirtschaftlich untragbar.

Obwohl zurückliegende Datenverarbeitungsprojekte in deutschen Verwaltungen immer wieder unter Abstimmungsproblemen zwischen Bund, Ländern und Kommunen gelitten haben, wurde der für bundesweite Online-Wahlen erfolgskritischen Koordination der Gebietskörperschaften lange Zeit kaum Aufmerksamkeit geschenkt. Anders sieht dies im Nachbarland Schweiz aus: Als einer von vielen Schritten auf dem Weg zu Online-Wahlen wird 2003 im bevölkerungsreichsten Kanton der Schweiz, dem Kanton Zürich, ein Pilotprojekt zum Aufbau und zur Vereinheitlichung der kantonalen Stimmregister gestartet. Die Schweizer planen aber erst ab 2010 die elektronische Stimmabgabe bei bundesweiten Wahlen und Abstimmungen anzubieten, da sie die Integration aller Wählerverzeichnisse als sehr aufwendig und langwierig einschätzen.[5]

2.4 Wer soll das bezahlen?

Derzeit fallen für die Bürgerinnen und Bürger bei der Wahl der politischen Vertreter in Kommune, Land, Bund und Europa höchstens Kosten für die Fahrt ins Wahllokal an – und selbst dafür gibt es in vielen Städten einen kostenlosen Service der großen Parteien. Wenn also die Wirtschaftlichkeit der Wahldurchführung zum Thema wird, betrifft dies heute in erster Linie die Wahlorganisatoren. Es müssen Stimmzettel und Wählerverzeichnisse gedruckt, Wahllokale ausgestattet, Wahlhelfer gewonnen, informiert und bezahlt werden usw. Die Durchführung einer Wahl ist heute sicherlich aufwendig, die Kosten aber sind überschaubar, es liegen ausreichend Erfahrungswerte vor und letztlich ist diese Prozedur für alle Beteiligten längst Routine.

---

5 Umfangreiche Informationen zu den Planungen in der Schweiz sind abrufbar unter http://www.e-gov.admin.ch/de.

Bundestagswahl per Computer?

Wenn 2006 erstmals die elektronische Stimmabgabe in vernetzten Wahllokalen angeboten wird, erhöht sich der Aufwand der Wahlorganisatoren deutlich: Bei einer Bundestagswahl öffnen sich morgens die Türen von ca. 80.000 Wahllokalen. Hinzu kommen etwa 10.000 Briefwahlvorstände, die an dieser Stelle allerdings außer Betracht bleiben können. Rechnen wir konservativ und gehen davon aus, dass jedes Wahllokal lediglich mit einem PC für die Wahlhelfer und einem für die Wählerinnen und Wähler ausgestattet wird. Wird pro Rechner inklusive Bildschirm, Netzwerkverbindung etc. ein Betrag von € 1.000 angesetzt, ergibt dies pro Wahllokal einen Aufwand von € 2.000. Für die Ausstattung aller 80.000 Wahllokale müssten folglich € 160 Mio. aufgewendet werden. In dieser Rechnung noch nicht enthalten sind: Kosten für Reservegeräte, Netzanschlüsse in den Wahllokalen, Server, elektronische Urnen, Schulung, Support und Serviceleistungen. Auch ein kleines Rechnernetz in den Wahllokalen, wie es in unserem Szenario vorausgesetzt wird, ist für die hier veranschlagten Beträge nicht zu haben. Hinzu kommen weiterhin die Investitionen für die Vereinheitlichung und Zusammenführung der Wählerverzeichnisse. Die tatsächliche Investitionssumme wird die hier errechneten € 160 Mio. also um ein Mehrfaches übersteigen.

Welcher Nutzen steht diesem Aufwand gegenüber? Vorliegende Erfahrungen zeigen, dass Wahlsysteme durch Plausibilitätskontrollen dazu beitragen können, ungewollt ungültige Stimmzettel zu vermeiden. Dies ist insbesondere dann interessant, wenn sehr viele Stimmen zu vergeben sind bzw. kumuliert und panaschiert werden kann. Zudem wird ohne Zweifel mobilen Menschen die Stimmabgabe erleichtert. Sie müssen nicht mehr an die rechtzeitige Beantragung der Briefwahl denken, sondern lediglich am Wahltag ihre Wahlbenachrichtigung einstecken. Dies reduziert auf Seiten der Wahlorganisatoren den Aufwand für die Durchführung der Briefwahl. Auch die Kosten der Urnenwahl können gesenkt werden. Wenn viele Wählerinnen und Wähler von der Möglichkeit der elektronischen Stimmabgabe Gebrauch machen, geht die Auszählung wesentlich schneller vonstatten und das Ergebnis liegt früher vor. Dieser Effekt hat beim Einsatz elektronischer Wahlgeräte in der Stadt Köln Einsparungen ermöglicht, ohne die Erreichbarkeit der Wahllokale einzuschränken: Zuvor waren in manchen Gebäuden gleich mehrere Kölner Wahllokale untergebracht, um die Auszählung pünktlich abschließen zu können. Dies war beim Einsatz der Wahlmaschinen in der Regel nicht mehr nötig, ein oder zwei Wahllokale konnten entfallen, was einer Reduzierung der Stimmbezirke um etwa 25 Prozent gleichkam. Für Bundestagswahlen sieht § 12 der Bundeswahlordnung vor, dass Wahlbezirke in der Regel für 2.500 Einwohnerinnen und Einwohner zuständig sind. Mit technischen Hilfsmitteln könnte diese Zahl deutlich erhöht werden, die Verordnung müsste zuvor entsprechend geändert werden. Kostensenkend kann sich auch die Vermeidung von Anfechtungen und Wahlwiederholungen durch eine höhere Präzision bei der Stimmauszählung auswirken.

Da Wahlen vergleichsweise selten stattfinden, werden solche Effekte zur Refinanzierung der erheblichen Investitionen aber nicht ausreichen. Um die Kosten im Rahmen zu halten, könnte daran gedacht werden, bereits vorhandene Geräte, z.B. die Computer der Schulen, zu nutzen. Hier stellt sich allerdings das Problem, dass sich die für Wahlgeräte erforderlichen Bauartzulassungen und Verwendungsgenehmigungen auf festgelegte Konfigurationen beziehen. Diese dürften nur im Ausnahmefall mit dem vor Ort vorfindbaren Equipment identisch sein. Schul-Computer sollten aber zumindest für den Zugriff der Wahlhelfer auf die Wählerregister einsetzbar sein, da die dazu verwendete Technik keine derart strengen Auflagen erfüllen muss.

An einer Beschaffung großen Stils führt also kein Weg vorbei. Die damit verbundenen Kosten erscheinen aber wesentlich eher vertretbar, wenn die Geräte in der übrigen Zeit anderweitig genutzt werden können. Vorstellbar ist insbesondere eine Verwendung als öffentliche Zugänge zu den elektronischen Dienstleistungen der Verwaltungen. Auch E-Government-Angebote erfordern erhebliche Investitionen, die sich nur rentieren, wenn möglichst viele Bürgerinnen und Bürger von ihnen Gebrauch machen. Nicht jeder wird dies vom eigenen PC aus erledigen können oder wollen, so dass öffentliche, unter Umständen sogar betreute Zugänge in Bibliotheken, Bürgerbüros, Volkshochschulen etc. erforderlich sind. Solche Zugangsorte könnten zukünftig auch als Wahllokale dienen, alternativ wäre denkbar, die dort installierten Geräte für kurze Zeit an die Wahllokale „auszuleihen". In beiden Fällen würden die Planungen für die Bundestagswahl 2006 mit den E-Government-Konzepten von Bund, Ländern und Kommunen zusammengeführt. Problematisch ist dabei allerdings, dass die E-Government-Bemühungen vielerorts noch in den Kinderschuhen stecken und die Notwendigkeit öffentlicher Zugänge bislang noch nicht überall erkannt worden ist.

Und was wäre, wenn gleich der große Sprung gewagt, auf die Vernetzung der Wahllokale verzichtet und – vielleicht noch nicht ab der Bundestagswahl 2006, dann aber 2010 – ohne weitere Erprobungsschritte die Stimmabgabe vom heimischen PC aus angeboten würde und in den Wahllokalen alles beim Alten bliebe? Dieses Vorgehen wäre nur dann vorstellbar, wenn die Online-Wahl ausschließlich im Vorfeld des eigentlichen Wahltermins als Pendant zur Briefwahl angeboten würde. Die elektronische Stimmabgabe würde vor Öffnung der Wahllokale beendet, am Wahltag selbst wäre nur die Urnenwahl möglich. Soll hingegen auch am Wahltag die Stimmabgabe von beliebigen Internet-Zugängen aus angeboten werden, bleibt die Vernetzung der Wahllokale unverzichtbar. Nur so wäre beispielsweise gewährleistet, dass ein Wähler, der sich auf Reisen befindet und am Wahlsonntag von einem PC aus seine Stimme abgeben möchte, bei technischen Problemen notfalls ein Wahllokal in einer fremden Stadt aufsuchen kann, um dort auf elektronischem Weg zu wählen.

Alle hier diskutierten Varianten haben gemein, dass Einsparungen bei der bestehenden, für herkömmliche Wahlen benötigten Infrastruktur nur be-

Bundestagswahl per Computer?

grenzt vorstellbar sind. Lage und Anzahl der Wahllokale sind heute so gewählt, dass ein bestimmtes Einzugsgebiet abgedeckt wird und den Wählern keine langen Wege zugemutet werden. Das ein oder andere Wahllokal mag überflüssig erscheinen, wenn immer mehr Stimmen übers Netz abgegeben werden, Einsparungen in der Höhe des hier diskutierten Aufwands für Online-Wahlen werden auf diese Weise ganz sicher nicht erzielt. Die Stadt Köln hat mit der Zusammenlegung der Stimmbezirke bei gleichzeitiger Beibehaltung der als Wahllokale genutzten Räumlichkeiten den bestehenden Spielraum weitgehend ausgeschöpft.

Völlig ungeklärt ist bislang auch noch die Frage, wer die Investitionskosten eigentlich übernehmen soll: Ist der Bund gefragt, weil von dieser Seite aus der Vorstoß erfolgte? Inwieweit hätten sich die Länder zu beteiligen? Oder sollen die Kommunen, die ja die Organisation der Wahlen vor Ort zu verantworten haben, die Rechnung begleichen?

Werfen wir noch einen kurzen Blick auf die Kosten-Nutzen-Relationen aus Wählersicht: Die elektronische Stimmabgabe im Wahllokal ist wie das bisherige Verfahren mit vernachlässigbaren Kosten verbunden. Dies ändert sich mit der elektronischen Wahl von zu Hause aus: Als kostenträchtig könnte sich insbesondere der Aufwand erweisen, der zum Nachweis der Wahlbenachrichtigung erforderlich wird. Werden dazu z.B. elektronische Signaturen verlangt, müssen sich die Wähler ihre persönliche Signatur plus Kartenlesegerät besorgen. Dies werden sie aber nur dann tun, wenn das beschaffte (und derzeit nicht gerade preiswerte) Equipment auch bei anderen Gelegenheiten genutzt werden kann, also z.B. beim Einkaufen im Netz oder um Verwaltungsangelegenheiten auf elektronischem Weg zu erledigen. Damit wird einmal mehr deutlich, dass die Konzepte zur Online-Wahl eng mit den Planungen zum E-Government verzahnt werden müssen. Andernfalls sind Online-Wahlen auch aus Sicht der Wählerinnen und Wähler ökonomisch unattraktiv.

Kommen wir zu einer dritten Gruppe von Beteiligten, für die sich Online-Wahlen rechnen müssen: die Anbieter der benötigten Systemlösungen. Insbesondere in Nordamerika, in zunehmendem Maße aber auch in Europa haben Systemhäuser das Thema Internet-Wahl entdeckt und arbeiten an den dazu erforderlichen Technikangeboten. Noch handelt es sich um Investitionen für Forschung und Entwicklung, die in der Hoffnung auf Erlöse in der Zukunft getätigt werden. Ob diese Rechnung aufgeht, wird entscheidend davon abhängen, dass für Nachfrager und Anbieter gleichermaßen attraktive Preismodelle entwickelt werden. Die besondere Schwierigkeit liegt darin, dass Wahlen vergleichsweise selten stattfinden und der hohe Entwicklungsaufwand bei sporadischen Einsätzen refinanziert werden muss.

Während die Wirtschaftlichkeit von Online-Wahlen für die Bürgerinnen und Bürger also erst zu einem späteren Zeitpunkt des eingangs beschriebenen Stufenmodells zum Thema wird, stellen aus Sicht der Wahlveranstalter die für die elektronische Stimmabgabe im Wahllokal erforderlichen Investitionen den entscheidenden Prüfstein dar. Die Systemanbieter wiederum werden für jede Entwicklungsstufe aufs Neue die Marktchancen ausloten müssen.

Ist es aber überhaupt statthaft, ein hohes demokratisches Gut wie die Wahl politischer Vertreter durch das Volk als Souverän dem schnöden ökonomischen Kalkül zu unterwerfen?

Sicherlich wäre die Kostenfrage zu relativieren, ginge es darum, erstmals eine Infrastruktur für demokratische Wahlen zu errichten, marodes Equipment zu ersetzen oder eine völlig unzulängliche Wahlorganisation zu verbessern. Dies alles trifft in Deutschland aber nicht zu. Niemand wird behaupten, dass die Modernisierung der Wahlverfahren ein dringendes Problem unserer demokratisch verfassten Gesellschaft sei. Die Überlegungen zu einem zusätzlichen, elektronischen Weg der Stimmabgabe haben ihre Wurzeln in veränderten technologischen Möglichkeiten und der Vermutung, dass sich dadurch auch die Erwartungen der Wählerinnen und Wähler ändern. Dieses Ansinnen muss sich eine ökonomische Überprüfung gefallen lassen – und wie es aussieht, fallen Online-Wahlen in der Kategorie ‚Wirtschaftlichkeit' glatt durch.

2.5 Kann am Computer überhaupt „richtig" gewählt werden?

Das bestehende Wahlverfahren hat über die Jahrzehnte bei Wählern wie bei Wahlorganisatoren ein kulturell verankertes Bild von einer „richtigen Wahl" geschaffen. Dieses wird z.B. durch den sonntäglichen Gang zur Urne und damit verbundene Rituale geprägt, die von Familie zu Familie und von Region zu Region unterschiedlich sein können. Doch dieses Bild bröckelt mit dem steten Anstieg der Briefwähler – sehr zum Verdruss derer, die dem Urnengang unmittelbar positive Effekte auf die Demokratie zuschreiben: „Bei der bisherigen Präsenzwahl muss sich der Bürger entscheiden, ob er überhaupt die Mühe auf sich nehmen möchte, den Gang zum Wahllokal anzutreten. Dies wird er nur tun, wenn er die Wahlhandlung mit einem gewissen Ernst betrachtet. Insofern beinhaltet der bisherige Wahlmodus eine Art ‚interessierten Zensus'; nur die Stimme desjenigen zählt, der sich in minimaler Weise für das Gemeinwesen interessiert und um die Wahrnehmung seines Wahlrechts bemüht hat" (Buchstein 2001: 154). So achtbar die Motive auch sein mögen, die diesem Argument zugrunde liegen, empirisch wird es nie zu belegen sein, dass Brief- oder Online-Wähler dem Wahlakt weniger Bedeutung zumessen oder gar zu „Junk-Votes" (ders., 155) neigen.

Interessanter ist da schon die Frage, ob es kulturell zu unserem Land und den hier lebenden Menschen passt, neue Wege zur Stimmabgabe bei politischen Wahlen zu erproben. Kleinsteuber hat den Zusammenhang zwischen Experimentierfreude und den kulturellen Wurzeln eines Landes am Beispiel der USA beschrieben. Dort werden in allen Bundesstaaten Wahlleute (Elektoren) gewählt, die später zusammentreten, um den Präsidenten zu küren. Dieses System geht auf die zum Zeitpunkt der Entstehung der amerikanischen Verfassung bestehenden Probleme mit der Kommunikation und dem Reisen in einem Land mit solch riesiger Ausdehnung zurück. Die Probleme mit der Stimmauszählung in Florida bei den US-Präsidentschaftswahlen 2000 hätten reichlich Anlass geboten, dieses Verfahren zu überdenken, aber: „In der amerikanischen Debatte wirkt jenes Wahldebakel weniger als Ansporn, das überholte Electoral College abzuschaffen (was angesichts der Verfassungstraditionen nahezu unmöglich ist), als vielmehr verstärkt in elektronische Wahlverfahren zu gehen, von denen man annimmt, dass sie eindeutige und verlässliche Ergebnisse bringen." (Kleinsteuber 2001: 9)

Von den Deutschen wissen wir immerhin, dass sie der Online-Wahl tendenziell skeptisch gegenüberstehen: Nach einer Umfrage zur Akzeptanz virtueller Behörden-Dienstleistungen vom August 2000[6] wünschen sich nur 48 Prozent der Bevölkerung die Möglichkeit zur Online-Wahl. Eine Steuererklärung übers Netz können sich sogar nur 29 Prozent der Bevölkerung vorstellen. Eine international vergleichende Untersuchung vom November 2001 untermauert, dass Sicherheitsbedenken in Deutschland besonders ausgeprägt sind: Während hier 85 Prozent der Befragten das Internet als unsicheres Medium empfinden, beträgt der Durchschnitt in den 27 in die Untersuchung einbezogenen Ländern 64 Prozent.[7] Deutschland nimmt damit bei den Sicherheitsbedenken den Spitzenplatz ein, dicht gefolgt von Frankreich und Japan (jeweils 84 Prozent).

Es gibt keinerlei Anzeichen, dass unserer Demokratie ein dramatischer Legitimationsverlust bevorsteht, wenn nicht in nächster Zeit die Möglichkeit eröffnet würde, sich übers Internet an politischen Wahlen zu beteiligen. Dies mag sich im Laufe der Zeit ändern. Derzeit aber wird erhebliche Informations- und Überzeugungsarbeit notwendig sein, um Bedenken bezüglich der Sicherheit und Vertraulichkeit der elektronischen Stimmabgabe überzeugend auszuräumen.

Die elektronische Stimmabgabe wird sich auch nur dann etablieren, wenn in der Bevölkerung ausreichend Erfahrungen mit dem Medium Internet vorliegen, so dass eine deutliche Mehrheit nachvollziehen und beurteilen kann, was da eigentlich geschieht.[8] Wahllokale mit Papier und Bleistift kennt jeder. Hingegen ist, wie in den Überlegungen zum Grundsatz der allgemeinen Wahl bereits erwähnt, die digitale Welt bis heute vielen verschlossen geblieben. Insofern hängen die Erfolgschancen für neue, elektronische Wege der Stimmabgabe auch davon ab, dass die ‚digitale Kluft' unserer Gesellschaft geschlossen wird und möglichst breite Bevölkerungskreise Erfahrungen mit Internet und Online-Diensten sammeln.

Die Verbreitung des Internet, sein Image und die Intensität seiner Nutzung in unserer Gesellschaft werden ebenfalls darüber entscheiden, wie sich

---

6 Vgl. infra (2000).
7 Vgl. dazu TNS (2001).
8 Vgl. dazu auch Hahlen (2001).

Politikerinnen und Politiker gegenüber dem Thema Online-Wahlen verhalten. Wenn ein diesbezügliches Engagement in den Augen der Öffentlichkeit Modernität und Aufgeschlossenheit widerspiegelt und die eigene Klientel voraussichtlich von neuen Wegen der Stimmabgabe intensiv Gebrauch machen wird, fällt die Zustimmung für Gesetzesänderungen und die Bereitstellung entsprechender Mittel leicht. Werden Online-Wahlen hingegen als schwer kalkulierbares Wagnis wahrgenommen und sind die Wählerinnen und Wähler der eigenen Partei in der Gruppe der Internet-Nutzer eher unterrepräsentiert, ist kaum mit der benötigten Zustimmung zu rechnen.

3. Der Weg zur Online-Bundestagswahl

Die Wahllokale schließen

Im bayerischen Heimatwahlkreis von Frau B. schließen die Wahllokale. Die meisten Wählerinnen und Wähler haben sich dafür entschieden, die elektronische Wahl auszuprobieren. Das Wahlhelfer-Team ist inzwischen sichtlich erschöpft, denn es waren viele Fragen zu beantworten. Ist das Verfahren sicher? Wo landet meine Stimme? Wie funktioniert das? Zum Glück wurden die meisten dieser Fragen auf den ausliegenden Informationsblättern gut verständlich beantwortet. Zwei Wahlhelfer öffnen die Urne und beginnen mit der Auszählung der wenigen Papierstimmzettel. Daneben sitzt die Wahlvorsteherin, Frau Z., mit einem Kollegen am PC des Wahlvorstands. Beide bestätigen mit ihrer elektronischen Signatur die ordnungsgemäße Durchführung der Wahl. Die Auszählung der übrigen Stimmzettel ist zum Glück schnell erledigt, Frau Z. tippt die Ergebnisse ein. Nun addiert das Wahlsystem die auf herkömmlichem Weg abgegebenen und die in der elektronischen Urne befindlichen Stimmen und vergleicht, ob die Zahl der ausgewerteten Stimmen mit den Eintragungen im Verzeichnis dieses Wahlkreises übereinstimmt. Nach kurzer Zeit erscheint das Ergebnis auf dem Bildschirm. Zur Erleichterung aller wird mitgeteilt, dass bei der Prüfung keine Unstimmigkeiten aufgetreten und die Ergebnisse erfolgreich an das zentrale System übermittelt worden sind. Frau Z. schaltet den Computer ab und räumt mit ihren Kolleginnen und Kollegen das Wahllokal auf. Um 19 Uhr können sie sich auf den Heimweg machen, anderthalb Stunden früher als bei vorangegangenen Wahlen.

Bis zur Beteiligung an einer Kommunal-, Landtags- oder Bundestagswahl von einem beliebigen Internet-Anschluss aus ist noch viel Entwicklungsarbeit zu leisten. Die dazu erforderliche Technik befindet sich gegenwärtig in der Entwicklung, manche Lösungen sind auch schon bei Wahlen in anderen Bereichen erprobt worden. In weniger sensiblen Feldern als der politischen Wahl dürfte die Stimmabgabe am Computer in den nächsten Jahren sicherlich immer weitere Verbreitung finden. In Betrieben oder an Hochschulen ist die benötigte technische Infrastruktur schon vorhanden, die rechtlichen Vorgaben sind weniger restriktiv und können in manchen Fällen auch selbst verändert werden. Zudem liegen die Vorteile der Online-Wahl bei einem Unternehmen mit mehreren Standorten und einem gemeinsamen Betriebsrat oder an Hochschulen, wo sich ein Teil der Studierenden regelmäßig im Ausland befindet, klar auf der Hand.

Derartige Praxistests von Wahlsystemen in anderen Feldern sind unverzichtbar, um kompetent beurteilen zu können, ob die Technik den Anforderungen an die Durchführung politischer Wahlen gerecht werden kann. Parallel dazu ist es erforderlich, sich über Zeitplan und Zwischenschritte auf dem Weg zur Bundestagswahl zu verständigen. Die von der California Internet Voting Task Force vorgeschlagene Vorgehensweise, die Kontrolle der Wahlveranstalter über Zugang zum Wahlsystem und Stimmabgabe erfahrungsgeleitet in definierten Schritten zu reduzieren, hat auch in Deutschland große Zustimmung erfahren. Wird zwischen Wahlen zu den unterschiedlichen Gebietskörperschaften unterschieden, entsteht eine Matrix, mit der unterschiedliche Entwicklungspfade verdeutlicht werden können (Abb. 3).

Abbildung 3: Entwicklungspfade auf dem Weg zur Bundestagswahl via Internet

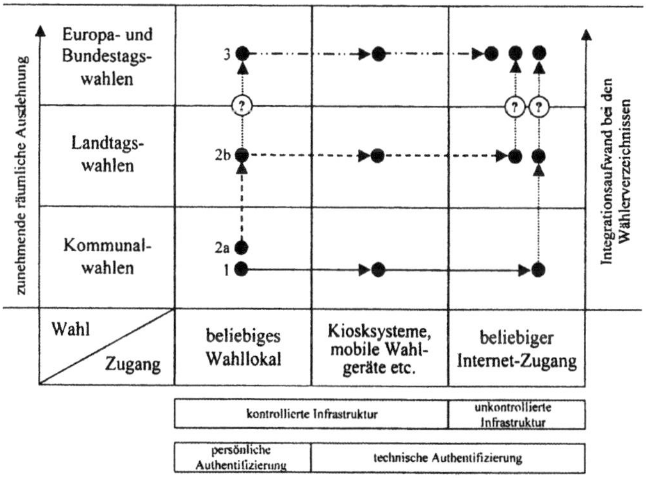

Bei der Gegenüberstellung und Diskussion denkbarer Wege zur Bundestagswahl vom heimischen PC aus ist insbesondere zu berücksichtigen, dass mit zunehmender räumlicher Ausdehnung des Wahlgebiets der Aufwand bei der Integration der Wählerverzeichnisse zunimmt. Eine nahe liegende, da technisch und organisatorisch vergleichsweise einfach zu bewältigende Strategie besteht darin, auf kommunaler Ebene anzusetzen und dort die Zugangsstufen schrittweise zu erweitern (Pfad 1). Die Kommunen führen selbst die Wählerverzeichnisse für ihren Einzugsbereich, der organisatorische Abstimmungsbedarf wird sich also in Grenzen halten, so dass die Ressourcen auf die Entwicklung überzeugender technischer Lösungen konzentriert werden können.

Die Komplexität steigt, wenn unterschiedliche Gebietskörperschaften kooperieren müssen. Dies ist beispielsweise dann der Fall, wenn ausgehend von einem erfolgreichen Start auf kommunaler Ebene die gleiche technische Lösung bei einer Landtagswahl zum Einsatz kommen soll (Pfad 2a) oder die Strategie von vornherein auf der Ebene der Bundesländer ansetzt (Pfad 2b). Ob die Kooperation der Kommunen bei der Erstellung des Wählerverzeichnisses, der Stimmabgabe und -auszählung gelingt, wird ganz entscheidend von der Koordinationsleistung des Landeswahlleiters abhängen. Wie als Option in Pfad 2 skizziert, könnte später das bei Landtagswahlen eingesetzte Verfahren für Bundestagswahlen übernommen werden. Dies setzt voraus, dass sich der Bund und die 16 Länder auf gemeinsame Standards einigen, die sich wiederum mit den Lösungen vertragen müssen, die zuvor zwischen Bundesländern und den jeweiligen Kommunen vereinbart worden sind. Ähnliches gilt für die derzeitigen Planungen der Bundesregierung, mit der Stimmabgabe in beliebigen Wahllokalen bei der Bundestagswahl 2006 zu starten (Pfad 3).

Diese komplexe Integrationsaufgabe wird sicher einfacher zu bewältigen sein, wenn der Nutzen für die Beteiligten über den Wahlkontext hinausreicht. Abermals bietet sich der Brückenschlag zum E-Government an. Dazu ein Beispiel: Bevor die Bürgerinnen und Bürger ihre Verwaltungsangelegenheiten nach einem Umzug von der einen in die andere Stadt online erledigen können, muss die Struktur der dabei zu übermittelnden Daten bundesweit vereinheitlicht werden. Derzeit wird länderübergreifend an der Entwicklung des Protokollstandards Online Services Computer Interface (OSCI) gearbeitet, der solche Anforderungen erfüllen soll.[9] Ist dies erst einmal geschehen, dürfte die Integration der Wählerverzeichnisse, die ja auf den Melderegistern aufbauen, wesentlich einfacher fallen. Doch auch die verbleibenden technischen Probleme, die für zuverlässige landes- oder gar bundesweite Zugriffe auf Wählerverzeichnisse gelöst werden müssen, sollten nicht unterschätzt werden.

Eine weitere Schwierigkeit wird erst langsam deutlich: Die bislang außerhalb von politischen Wahlen durchgeführten Projekte verfolgten das Ziel, die Stimmabgabe von zu Hause aus zu ermöglichen bzw. zu testen. Hingegen haben die technischen und organisatorischen Voraussetzungen für die Stimmabgabe in beliebigen Wahllokalen vergleichsweise wenig Beachtung gefunden. Die Überlegungen, wie dies im Detail funktionieren soll, haben erst vor

---

9 Vgl. dazu Schulz/Steimke (2000).

kurzem begonnen. Der Fokus der einschlägigen Aktivitäten wird sich also ändern müssen, um das von der Bundesregierung für die Bundestagswahl 2006 angestrebte Ziel erreichen zu können.

Die Überlegungen zur Integration der Wählerverzeichnisse haben verdeutlicht, dass jeder Entwicklungsschritt in Sachen Online-Wahl die intensive Zusammenarbeit zwischen Akteuren aus ganz unterschiedlichen Bereichen erfordert und vielfältige technische und organisatorische Änderungen in Kommunen und bei den zuständigen Stellen in Ländern und Bund eingeleitet und umgesetzt werden müssen. Der damit verbundene Aufwand könnte mit Lösungen vermindert werden, die lediglich ein der Briefwahl vergleichbares Verfahren nachbilden, so dass sich die Wählerinnen und Wähler zuvor anmelden und ihre Stimme in einer vor dem eigentlichen Wahltermin endenden Frist abgeben müssen. Die geringere technische und organisatorische Komplexität mag für diese Variante sprechen, der Mehrwert für die Wählerinnen und Wähler fällt aber eher gering aus. Auf kommunaler Ebene könnte bei Abwesenheit vom Wohnort auf diese Weise immerhin die Teilnahme an einer (womöglich zuvor erwarteten) Stichwahl zum (Ober-)Bürgermeister erleichtert werden.

Nachdem die ersten erfolgreichen Projekte zum Online-Wählen für viel Euphorie gesorgt haben, nimmt die Auseinandersetzung mit diesem Thema zunehmend sachlichere Züge an. Vor allem die Frage nach dem Nutzen und den Kosten wird im Zuge der Vorbereitungen auf das für 2006 anvisierte Ziel sehr intensiv diskutiert werden. Anschließend wird für jeden weiteren Schritt auf dem Weg zur Stimmabgabe von beliebigen Internet-Zugängen aus kritisch zu prüfen sein, mit welchem Aufwand und mit welchem Zusatznutzen dies verbunden sein wird. Im Ergebnis könnte durchaus die Entscheidung getroffen werden, die Entwicklung ab einer bestimmten Stufe zu stoppen, weil der mit dem nächsten Schritt verbundene Aufwand nicht mehr in einem sinnvollen Verhältnis zum erwarteten Zusatznutzen steht. Generell zeichnet sich ab, dass die Planungen zu Online-Wahlen sehr viel stärker mit den E-Government-Konzepten von Kommunen, Ländern und Bund verzahnt werden müssen. Andernfalls wird es sehr schwer fallen, die sich abzeichnenden Investitionen zu rechtfertigen und den technischen und organisatorischen Aufwand zu bewältigen.

Literatur

Ahrens-Beck, Ludger (2001): Elektronische Wahlurne. In: Kommune 21, Nr. 6, 24-25.
Buchstein, Hubertus (2001): Modernisierung der Demokratie durch e-Voting? In: Leviathan 29, 147-155.

California Internet Voting Task Force: A Report on the Feasibilty of Internet Voting. Sacramento, CA, January 2000. http://www.ss.ca.gov/executive/ivote.
Hahlen, Johann (2001): Vertrauen aufbauen. In: Kommune 21, Nr. 6, 26-27.
inra (2000): Akzeptanz virtueller Behörden-Dienstleistungen („E-Government") und Einstellungen zu Wahlen über das Internet („E-Vote") in der Bevölkerung. Untersuchungsbericht. Mölln: inra Deutschland.
Kleinsteuber, Hans J. (2001): Das Internet in der Demokratie – Euphorie und Ernüchterung. In: Holznagel, Bernd/Grünwald, Andreas/Hanssmann, Anika (Hgs.): Elektronische Demokratie. Bürgerbeteiligung per Internet zwischen Wissenschaft und Praxis. München: Beck, 7-27.
Schulz, Arnold/Steimke, Frank (2000): OSCI, der Branchenstandard für Geschäftsprozesse im Umfeld von MEDIA@Komm. In: DIN-Mitteilungen 9/2000, 16-20.
TNS (Taylor Nelson Sofres) (2001): Government Online. 2001 Benchmarking Research Study. http://www.tnsofres.com/gostudy/index.cfm.

Marc Mausch

Wahlen und Abstimmungen auf dem virtuellen Parteitag

1. Einleitung

Vom 24. November bis zum 3. Dezember 2000 fand der weltweit erste virtuelle Parteitag (ViP) statt. Es war der ‚kleine Parteitag' des baden-württembergischen Landesverbands von Bündnis 90/Die Grünen. Dieser Parteitag wurde vollständig, das heißt entscheidungsbindend, im Web durchgeführt. Er hat einen normalen Parteitag voll ersetzt.

Was waren die anfänglichen Motivationen für dieses Experiment? Welche Bedenken gab es und wie sahen die technischen und politischen Antworten darauf aus? Und wie wurden Wahlen und Abstimmungen auf dem virtuellen Parteitag gehandhabt? Diese Fragen sollen im Folgenden näher erörtert werden.[1]

2. Motivationen und Bedenken im Vorfeld

Insgesamt gab es bei Bündnis 90/Die Grünen und den Organisatoren drei Motive, einen Parteitag erstmals virtuell abzuhalten. Zum einen sollte auf diese Weise in das politische Thema ‚Elektronische Demokratie' eingeführt werden. Dann sollte zweitens die Organisationseffizienz der Partei auf diese Weise gesteigert werden. Und drittens war das Ziel, mit solch einer Veranstaltung in der Öffentlichkeit zusätzliche Aufmerksamkeit für die Partei und den Parteitag zu erringen.

- Die erste Ausgangsüberlegung für das Experiment war, dass das Internet bereits einen weitreichenden Einfluss auf die Gesellschaft und damit auch auf die Politik hat. Es verändert nicht nur die Kommunikation der Menschen untereinander, sondern bringt die Globalisierung direkt ins

---

1 Der vorliegende Beitrag basiert auf einem Text, der im November 2001 in der Reihe „Studien & Berichte der Heinrich-Böll-Stiftung" unter dem Titel „www.virtueller-parteitag.de" erschienen ist. Dem Band liegt eine CD mit einer ausführlichen Dokumentation des virtuellen Parteitages bei.

Wohnzimmer. Deswegen muss sich die Politik als Ganzes auf die neuen Techniken einstellen, und sie muss diese Techniken vor allem verstehen. Das geschieht am einfachsten – so die Überlegung – durch das Prinzip *learning by doing*. Allein der starke Anstieg der privaten E-Mail-Nutzung unter den grünen Mitgliedern Ende der neunziger Jahre führte zu einem merklich besseren Verständnis für politische Problematiken rund um dieses Kommunikationsmittel. Wenn die Grünen das demokratische Potenzial der neuen Technologie selbst erleben und gestalten – so das Kalkül – könnte die politische Forderung danach viel leichter und mit deutlich größerer Kompetenz erhoben werden.
- Parallel dazu stand zweitens die praktische Notwendigkeit, fernab jeder politisch-inhaltlichen Motivation, die Parteiarbeit deutlich effizienter zu gestalten. Spätestens seit der Regierungsbeteiligung in Berlin gab es in der Partei so etwas wie einen ‚Entscheidungsstau' – die Fülle der Themen, die von der Basis mitentschieden werden will oder soll, übersteigt bei weitem das, was auf den institutionalisierten Parteitagen rein zeitlich behandelt werden kann. Die neuen Techniken – so die Überlegung – können dazu beitragen, dass Entscheidungseinfluss nach oben und Entscheidungsverständnis nach unten besser transportiert werden können.

Zu diesen Effizienzgesichtspunkten gehört auch die Mobilität der einzelnen Gremienmitglieder, die zu einem verstärkten Bedarf nach verbesserten Kommunikations- und Entscheidungsmitteln führt. Das beginnt bei ganz trivialen Fragen, zum Beispiel der Frage, wie eine Online-Abstimmung eines Vorstandes funktionieren soll, denn eine E-Mail ist leicht fälschbar. Oder der Frage, wie die Nichtreaktion eines Vorstandsmitgliedes gewertet werden soll. Auch dazu bedarf es eines eindeutigen und später etablierten Verfahrens. Durch die zunehmende Kommunikation via E-Mail entsteht zudem ein Vertraulichkeitsproblem. Denn die Informationen laufen ungeschützt über eine Vielzahl von Servern, bei denen die Systemadministratoren im Klartext mitlesen können. In Situationen, in denen durchaus heikle und hoch brisante Themen via E-Mail angesprochen werden, muss die Parteiorganisation dafür sorgen, dass zwischen den Mitgliedern oder zumindest den Gremienangehörigen sichere Kommunikation möglich ist.

Schließlich gehören zu dem Effektivitätsgesichtspunkt die gesteigerte Erwartungshaltung der zunehmend selbstbewussten und anspruchsvollen Bürger. Wie von Firmen und Dienstleistungsunternehmen der Privatwirtschaft gewohnt, erheben sie den Anspruch auf ständige Erreichbarkeit und Abrufbarkeit der gewünschten Informationen und auf gute Betreuung. Mit ihren finanziellen und personellen Mitteln sind politische Parteien vital auf ehrenamtliche Arbeit angewiesen und können diesen hohen Service-Anspruch daher oft nicht verlässlich bieten. Neue technische Mittel sollen hier Abhilfe schaffen.

- Für politische Parteien ist es drittens wichtig, öffentliche Aufmerksamkeit zu erzielen. Deshalb war die Überlegung, wie der Öffentlichkeit das grüne Verständnis eines verantwortungsvollen Umgangs mit neuen Technologien näher gebracht werden kann, ein weiterer Beweggrund für das Projekt eines virtuellen Parteitages. Es stellte sich in den Vorbereitungen heraus, dass die beiden zuerst genannten Gründe – die gleichsam didaktische Einführung in das Thema ‚Grüne Technologiepolitik' und die Verbesserung der organisatorischen Effizienz – für die Mehrheit der Entscheider und Mitentscheider nicht überzeugend genug waren, um das Risiko, das die Partei mit dem Projekt eingehen würde, mitzutragen. Die mit dem virtuellen Parteitag verbundene Kraftanstrengung konnte nur mit der Aussicht auf die erhofften Marketing-Effekte gerechtfertigt werden.

So gab es also im Vorfeld einige Bedenken. Einerseits ging es dabei um den zu erwartenden organisatorischen und technischen Aufwand, andererseits aber auch um grundsätzliche Fragen des Demokratieverständnisses. Ehe Bündnis 90/Die Grünen einen virtuellen Parteitag durchführt, bedarf es der großen Zustimmung der Partei, dass die Grünen die Perspektive einer elektronischen Demokratie auch wirklich tragen.

Die Diskussionen im Vorfeld spiegelten die grüne Herangehensweise bezüglich technologischer Fragen wider, zunächst sämtliche Gefahren durchzusprechen, um dann in einer Risiko-Chancen-Abwägung möglichst gut informiert zu entscheiden.

- Die hauptsächlich diskutierten Schwierigkeiten betrafen die Grundsatzfrage, ob Demokratie im Wortsinn über ein nur für eine bestimmte Bevölkerungsgruppe zugängliches Medium überhaupt möglich sei, also die Frage der Zugangsbarrieren. Das betrifft zum einen die Frage, ob überhaupt ein Computer mit Internetzugang für jeden Beteiligten zur Verfügung steht. Das Konzept des Parteitags sah vor, den Delegierten notfalls Zugang zu verschaffen, etwa durch die Computer des Kreisverbandes.
- Dann wurde die ebenfalls sehr grundsätzliche Frage aufgeworfen, ob von einem demokratischen Verfahren gesprochen werden kann, wenn die Beteiligung daran bestimmte Grundkenntnisse über Computer voraussetzt. Aufgrund einer Konzeption, die nur ‚normales' Computerwissen und kein Spezialwissen voraussetzt, und der bekannten großen Nutzung des Internets innerhalb der Partei konnte Einigkeit darüber gewonnen werden, dass niemand wegen dieser ‚Bildungsbarriere' nicht teilnehmen könne.
- Größere Unsicherheit bestand schließlich über die potentielle Manipulierbarkeit. Diese Bedenken wurden ausgeräumt: einerseits durch den Hinweis auf den hohen Stand der allerneuesten Technik und durch den Verweis auf die Tatsache, dass die meisten der denkbaren unlauteren

Einflussnahmen auf einem virtuellen Parteitag ein Äquivalent in einer realen Parteiversammlung haben. So ist z.b. das unberechtigte Eindringen in das Diskussionsmodul ähnlich einem Erstürmen eines Mikrofons in einer normalen Versammlung.

Die Computertechnik bietet neue Möglichkeiten in der Organisation von Debattenstrukturen auf einem virtuellen Parteitag. Teilweise wurden sie genutzt, teilweise nicht. Wie häufig bei technologischen Erneuerungen war es auch beim virtuellen Parteitag so, dass die eigentliche Konzeption nicht von der demokratischen Spitze entwickelt wurde, sondern in den Fachgesprächen unter den Technikern des virtuellen Parteitags entstand. Dass die Gestaltung durch die Personalunion von Vorstandsmitgliedern und Technikern auch parteiintern demokratisch legitimiert war, war eher zufällig (oder, je nach Lesart, vielleicht die entscheidende Grundvoraussetzung für den virtuellen Parteitag überhaupt). Denn die Techniker konzipierten, ob der virtuelle Parteitag ein Chat sein sollte oder eher ein Diskussionsforum. Sie schlugen vor, ob eingestellte Beiträge von den Rednern eher wie akustische Beiträge behandelt werden sollten und damit auch im Nachhinein redigiert werden könnten, oder ob sie wie eine Dokumentation auch eher unwichtige Versprecher aufzeichnen, um somit den politischen Gegnern weit stärker als in Redeuellen eine Vorlage geben zu können. Die Techniker waren es, die entschieden, dass die Reden antichronologisch aufgeführt wurden und nicht etwa alphabetisch oder nach einem Punktesystem. Hier hätte es unzählige Alternativen gegeben: Wer mehr redet, könnte mehr Punkte haben und damit einen prominenteren Platz bekommen. Offline-Prominente, wie etwa Landesvorstandsmitglieder, hätten privilegiert oder antiprivilegiert werden können, je nach politischer Ausrichtung der Konzeptoren. Warum gab es keine Abwechslung der Redebeiträge zwischen Männern und Frauen? Warum wurde der virtuelle Parteitag nur mit echten validierten Namen durchgeführt? Es wäre doch möglich gewesen, Mitgliedern auch – wie im Internet üblich – Pseudonyme zu geben. Warum musste man sich überhaupt anmelden? Warum wurden Abstimmungszeiträume eingeführt anstelle von Abstimmungszeitpunkten? Die Entscheidung über all diese Fragen ist im demokratischen Sinne eher willkürlich gefallen: Wer Kompetenzvorsprung hatte, hat mitgestaltet.

3. Die Leitgedanken

Um die Mitglieder und Delegierten zu gewinnen, gleichzeitig aber auch vor den kritischen Augen der Fachmenschen standzuhalten, musste der virtuelle Parteitag ein Erfolg werden. Das bedeutete in der Vorbereitungsphase, dass nur solche Dinge in Angriff genommen werden sollten, die eine realistische Chance auf Akzeptanz unter allen Beteiligten hatten – auch wenn technisch sicherlich mehr möglich gewesen wäre. Konsens bestand auch bei allen Beteiligten darüber, dass der virtuelle Parteitag nur ein ‚echter', also ein in der Beschlussfassung verbindlicher sein sollte.

Vier Leitgedanken waren deshalb von Beginn an bestimmend:

- die Einfachheit, d.h. eine niedrige technologische Hemmschwelle,
- die Austauschbarkeit, d.h. keine Fixierung auf bestimmte Computer,
- die maximale Unterstützung der Mitglieder, d.h. frühzeitige Information, maximale Transparenz sowie
- die möglichst nahe Orientierung am realen Parteitag.

Insbesondere der letzte Punkt ist keineswegs selbstverständlich, handelt es sich doch um zwei komplett verschiedene Medien. Während normale Parteitage hoch komprimierte Veranstaltungen synchroner und höchst interaktiver Kommunikation sind, besteht ein wichtiger Vorteil des Internets ja gerade in der Asynchronität. Zwar gibt es auch synchrone Vorgänge, wie z.B. Chat oder VoiceOverIP, aber hier dient die vorhandene Computerinfrastruktur als digitale Übertragungstechnik und das eigentliche Erfolgsrezept des Internets kommt nicht zum Tragen.

Aus diesem Leitgedanken ergab sich eine Folgefrage: Wenn ein realer Parteitag vollständig in die virtuelle Realität abgebildet werden soll, wie sollten dann seine vielfachen Ausprägungen virtuell übersetzt werden? Ein virtueller Parteitag hätte auch einer sein können, bei dem nach einem festen Zeitplan Reden als Audiodatei in das Internet gestellt werden und anschließend Erfolg und Misserfolg des Beitrags durch eine Bewertung der Zuhörer goutiert würde. Dann aber wäre das Internet zu einem reinen Übertragungsmedium degradiert worden. In der Konzeption wurden die Funktionalitäten des Parteitags und seines Procederes mit den Eigenheiten des Internets kombiniert. Sollte der Vorteil der Asynchronität des Internets ausgenutzt werden, konnte der virtuelle Parteitag auch nicht konzentriert an einem Wochenende durchgeführt werden. Vielmehr sollte der Parteitag die Mitglieder in einer ihrer normalen Wochen begleiten und ihnen die Möglichkeit geben, ‚nebenher' mitzumachen. Deswegen wurde ein Zeitraum von zehn Tagen festgelegt.

In der Retrospektive war dies ein Konzeptionsfehler. Die Praxis zeigte, dass die inhaltliche Dynamik der Diskussion so behände war und die Teilnehmer teilweise suchthafte Online-Tendenzen aufzeigten, dass der Parteitag eben nicht eine asynchrone Abendveranstaltung war, sondern genauso kompakt und konzentriert durchgelebt wurde wie ein normaler Parteitag auch – nur ohne sich für die Zeit explizit Zeit zu nehmen bzw. überhaupt so lange Zeit nehmen zu können. Insbesondere für die Berufstätigen und Bundestagsabgeordneten, die in dieser Woche Plenarwoche hatten, war eine beständige Online-Präsenz kaum möglich.

Die Zeitdauer des Parteitags spielte im Hinblick auf die Abstimmungen eine wichtige Rolle.

- Zum einen widerspricht das Prinzip der Asynchronität den auf klassischen Parteitagen üblichen Abstimmungszeitpunkten. Diese wurde ersetzt durch Zeiträume, die laut virtueller Parteitag-Satzung mindestens sechs Stunden, de facto aber mindestens zwanzig Stunden dauerten. Dies war notwendig, wollte man den Teilnehmern nicht einen Zeitplan aufzwingen.
- Das wiederum ergibt weitere Restriktionen für den Zeitplan des gesamten Parteitags: Wenn jede Abstimmungsrunde eine gewisse Zeit benötigt, so muss die Zeit, um zuvor ausreichend diskutieren zu können, ebenfalls entsprechend dimensioniert sein. Dies setzt Limits, sowohl für die Zahl der Abstimmungsrunden als auch für die Anzahl der Themen, die vernünftig diskutiert werden können. Auch hier gab es eine Konzeptionsfrage, die man nach Gusto so oder so beantworten könnte. In Baden-Württemberg wurde entschieden, zwei inhaltliche Themen zu diskutieren.

Dies führte zu einer weiteren Folgefrage: Sollten die beiden Themen hintereinander diskutiert werden oder gleichzeitig? Beim virtuellen Parteitag wurde die zeitliche Dimension durch die räumliche ersetzt. Wann wer was machen wollte, blieb den Nutzern überlassen. Das kann wenig zielführend sein, weswegen die abschließende, zeitnahe und vor allem bindende Beschlussfassung ausschlaggebend dafür war, dass auf dem virtuellen Parteitag tatsächlich in einem Diskussionsprozess eine kollektive Meinungsfindung stattgefunden hat. In diesem Fall ist das Gelingen insbesondere deshalb so erwähnenswert, weil die Teilnehmergruppe nicht eine Teilmenge der Netzgemeinde war, sondern zu einem gewissen Anteil aus Personen bestand, die ihren ersten Kontakt mit dem Netz hatten. Dies zu erreichen, war schwierig: Der virtuelle Parteitag musste repräsentativ sein, um auf demokratischem Boden zu stehen. Um auch ‚Offliner' dafür zu interessieren, wurde bewusst neben dem zum Medium passenden Thema ‚Elektronische Bürgerdemokratie' ein klassisches Thema ausgewählt, nämlich ‚Ladenschlusszeiten'.

Die Legitimierung der Delegierten stellte ein weiteres zentrales Problem dar: An irgendeiner Stelle musste der Übergang von der realen zur virtuellen Welt erfolgen. Eine Online-Legitimation der Delegierten hätte als Basis aber wiederum nur die ‚Onliner' der Partei gehabt. Deshalb gab es reguläre Kreismitgliederversammlungen, auf denen die Delegierten ganz real eine Vorstellungsrede halten mussten, um von der realen Versammlung delegiert (oder eben nicht delegiert) zu werden. Diese Delegiertenwahl verlief nach den Statuten normaler Delegiertenwahlen, also in den meisten Kreisverbänden nach einer Männer-Frauen-Quotierung.

Der Umgang auf dem virtuellen Parteitag mit der Frauenquote entsprach dem bisherigen Umgang der Grünen in dieser Frage. Davon ausgehend, dass der Zweck der Frauenquote in der Ermutigung zur Beteiligung liegt, ist es konsequent, sie auch nur dort einzusetzen, wo diese Ermutigung notwendig ist, nämlich in der direkten realen Konkurrenz zu Männern, also bei realen Reden und realen Wahlen. Im Internet erfüllt eine Quotierung diesen Zweck nicht mehr. Denn ohnehin hat die Parteitagsregie keinen Einfluss mehr, selbst wenn die Redebeiträge quotiert eingestellt worden wären.

Ein weiterer Punkt, der in der Konzeptionsphase von Bedeutung war, war die Frage, wie der virtuelle Parteitag übersichtlich gehalten werden kann. Grüne Parteitage sind öffentlich, und rein theoretisch hätten alle 6.500 Mitglieder des Landesverbandes sich beteiligen können und das unbegrenzt. Eine Redezahl von mehreren zigtausend Beiträgen wäre also rein theoretisch möglich gewesen. Diskutiert wurden verschiedene Restriktionsmaßnahmen: Sollten wirklich alle Mitglieder Rederecht erhalten? Ja, denn auch auf einem normalen Parteitag haben alle Mitglieder Rederecht. Sollten alle Mitglieder unbegrenzt häufig reden dürfen? Ja, denn sonst hätte das Aufsparsyndrom von Redebeiträgen möglicherweise die Repräsentanz der Diskussion gefährdet. Bei einem normalen Parteitag gibt es jedoch die zeitliche Restriktion und damit ein Verfahren, wie trotz allgemeinen Rederechts eine sinnvolle Debatte möglich ist. Es besteht darin, dass im Losverfahren die Redner ausgelost werden (einige Prominente erhalten darüber hinaus gesetzte Redebeiträge). Beim virtuellen Parteitag hingegen existiert diese Restriktion nicht. Die vorherrschende Meinung war, anstelle einer Restriktion, den Teilnehmern des virtuellen Parteitags gegebenenfalls selbst die Entscheidung zu überlassen, welche Reden sie hören wollten und welche nicht – ein Bruch mit der bisherigen Parteitagspraxis.

Wer redet, muss nach diesem Modell also geschickt die Aufmerksamkeit auf sich ziehen. In der Übersicht des Parteitags stehen als einzige Informationen Themenfeld, Zeitpunkt, Name sowie eine selbstgewählte Überschrift. Der Name des jeweiligen Redners oder der Rednerin regelt hier sicher einiges. So wurde die bei normalen Parteitagen hin und wieder kritisierte Bevorzugung prominenter Redner den Teilnehmern selbst überlassen. Wenn niemand Rezzo Schlauchs Beitrag anklickt, dann hat Rezzo Schlauch auch keinen Einfluss gehabt. Unbekannte Delegierte konnten sich auf diese Weise auch profilieren: Wer viel Kluges beizutragen wusste, der konnte von den Teilnehmern künftig besonders häufig angeklickt werden, wer hingegen einen disqualifizierenden Beitrag abgeliefert hatte, wurde eher nicht mehr ernst genommen. Eine Gewichtung geschah also selbstorganisiert.

Dennoch gab es die Sorge, dass der eine oder andere Redestrang aus dem Ruder laufen könnte und plötzlich nicht mehr zielorientiert in Bezug auf die abschließende Abstimmung wäre. Deswegen wurde – ebenfalls analog dem normalen Parteitag – ein Präsidium installiert, welches in einem solchen Falle ermahnende Redebeiträge oder Zusammenfassungen des bisherigen Redestrangs schreiben sollte. Interessanterweise wurde auch eine solche Funktion immer wieder von einzelnen Teilnehmern übernommen.

4. Die technische Konzeption

Technisch gesehen bestand die größte Herausforderung darin, ein funktionierendes System auch technisch versierteren Fachmenschen bestehen zu lassen. Das betraf Fragen der Sicherheit ebenso wie den reibungslosen Verlauf von Diskussionen und Abstimmungen.

4.1 Sicherheitsanforderungen

Sicherheit im Internet hat viele verschiedene Aspekte, doch sind die folgenden sechs Anforderungen für virtuelle Parteitage von besonderer Bedeutung:

- *Vertraulichkeit*. Vertraulichkeit bedeutet, dass die elektronisch übermittelten Daten von außen nicht abgehört werden können. Eine E-Mail beispielsweise ist ohne besondere Sicherheitsmaßnahmen nicht vertraulich, eine Postkarte auch nicht, ein Brief schon.
- *Integrität*. Integrität bedeutet, dass die verschickten Daten unterwegs nicht von einem Hacker manipuliert werden können.
- *Authentizität*. Dies stellt sicher, dass die losgesandte Nachricht tatsächlich von der Person kommt, die vorgibt, der Autor zu sein.
- *Nichtabstreitbarkeit* (Non-Repudiation). Dem Versender einer Nachricht muss nachgewiesen werden können, der Urheber gewesen zu sein (d.h. seine Stimme abgegeben zu haben).

Bei Wahlen und Abstimmungen kommen noch zusätzlich hinzu:

- die *Nichtwiederholbarkeit* der Stimmabgabe und
- die *Anonymität* der Stimmabgabe.

Diese Anforderungen stehen in einem gewissen Spannungsverhältnis zueinander und müssen technisch austariert werden.

4.2 Der Diskussionsserver

Die Diskussion auf dem Parteitag dient nicht zuletzt der Vorbereitung des eigentlichen Entscheidungsaktes, der Abstimmung. Doch da das dort Ausgetauschte durch die Leser politisch bewertet werden sollte, ist die technische Manipulierbarkeit von geringerer Bedeutung. Zudem war die Diskussion für sämtliche Mitglieder möglich, die Abstimmung hingegen nur für die Delegierten. Eine Unterteilung der beiden Systeme in auch physisch getrennten Servern war daher sinnvoll.

Das Analogon des Diskussionsservers zu einem normalen Parteitag ist die Aussprache. Auch auf einem normalen Parteitag ist es theoretisch möglich und in der Anfangszeit der Grünen auch immer wieder geschehen, dass Mitglieder das Rednerpult stürmen oder andere Mitglieder bei deren Rede behindern. Wie in der grünen Historie bei realen Parteitagen geschehen, haben diejenigen, die so handeln, keinen großen Einfluss auf den Ausgang der Debatte gehabt bzw. ihr eigenes Anliegen zumeist sogar dadurch eher vereitelt. Die Gefahr, die durch einen gehackten Diskussionsserver ausginge, beschränkte sich also darauf, dass unliebsame Besucher ein von der Presse sicher gerne reflektiertes Statement hätten abgeben können – was durch einen einfachen Mitgliedsantrag leichter gegangen wäre. Es wäre jedoch keine Manipulation des Parteiwillens möglich gewesen. Deswegen wurde der Diskussionsserver auch nur rudimentär gesichert: durch ein einfaches Passwort, das sich jedes Mitglied bei der Landesgeschäftsstelle per Mail oder Telefon hatte einholen können. Selbstverständlich lag der Server auch hinter einer Firewall.

Die eigentliche Aufgabe des Diskussionsservers war die Organisation der Debatte. Deswegen wurde hierzu ein so genanntes Content Management System (CMS) verwendet. Aufgrund der finanziellen Restriktionen war von Anfang an klar, dass hierzu nur das im Vorläuferprojekt grundsatzdebatte.de angeschaffte CMS verwendbar war. Obwohl das System auch zu noch weiter gehenden Anpassungen in der Lage gewesen wäre, stand hierfür kein Geld zur Verfügung. Dies führte zur von erfahreneren Netizens vorgebrachten Kritik, dass das System keine ‚Threads' zuließe, also eine Ansicht nur solcher Beiträge, die sich unmittelbar aufeinander bezogen. Solche Threads wurden deshalb im Vorfeld entsprechend versucht vorzugeben, um die Diskussion dadurch vorzustrukturieren. Zu jedem Thema sollte es eine Aussprache geben, aber auch zu jedem Detailänderungsantrag. Das ist in den weniger stark frequentierten Diskussionsforen gelungen, in den stark frequentierten hingegen nur bedingt.

4.3 Der Abstimmungsserver

Der Abstimmungsserver unterlag den größten Sicherheitsvorkehrungen. Das betrifft nicht nur eine gute Firewall, sondern auch das System selbst, welches noch einmal in zwei virtuelle Server getrennt wurde. Der erste virtuelle Server diente zur Authentifizierung des Wählers. Hier wurde überprüft, ob die eingegangene Stimme korrekt war und wirklich zum ersten Mal einging, um Doppelwahlen zu vermeiden. Nach Feststellung der Korrektheit wurde die mit einem zweiten Schlüssel noch immer verschlüsselte Stimme an den zweiten Server übergeben, wo die Wahlentscheidung erst entschlüsselt und gezählt wurde. Der erste virtuelle Server ist also dem Wahlamtsleiter vergleichbar, der den Wahlschein überprüft, der zweite ist die eigentliche Wahlurne.

Bezogen auf die Übertragungstechnik wurde auf ein System aufgesetzt, das den *state of the art* des Internetbankings darstellte. Für die Authentifizierung hingegen sollten zunächst Maßstäbe gesetzt werden, die auch einer Bundestagswahl Genüge leisten könnten. Im Prinzip wäre hierzu eine an die so genannte „qualifizierte digitale Signatur" nach dem deutschen Signatur-Gesetz (SigG)[2] angelehnte Lösung notwendig gewesen. Dies hätte aber bedeutet, kreditkartenähnliche Smart Cards an die Delegierten auszugeben, die nur mit speziellen Zusatzgeräten hätten gelesen werden können. Der Smart Card-Einsatz wurde tatsächlich einige Zeit in Erwägung gezogen, hätte aber einen sehr großen Zusatzaufwand bedeutet und – das war ausschlaggebend – die Hemmschwelle zur Teilnahme erheblich nach oben gesetzt. Wichtig war ja, möglichst niedrige Voraussetzungen an den im Einsatz befindlichen Heimcomputer zu stellen, damit nicht nur die High-Tech-Affinen teilnehmen konnten.

Entschieden wurde schließlich zu Gunsten eines digitalen Software-Zertifikats, welches von der zugrundeliegenden Technik her zwar identisch mit der digitalen Karten-Signatur ist, allerdings auf Diskette vorliegt. Aus diesem Grund ist es zumindest theoretisch manipulierbar. Das gewählte Softwarezertifikat ist dennoch deutlich sicherer als die heute üblicherweise beim Online-Banking eingesetzten Verfahren. Diese Software-Zertifikate sind technisch gesprochen asymmetrische Schlüssel nach dem so genannten RSA-Verfahren. Es wurde eine Schlüsselstärke von 512 bit eingesetzt (geplant waren ursprünglich 1.024 bit, daher die teilweise sich widersprechende Berichterstattung). Das Prinzip der asymmetrischen Verschlüsselung ist leicht mit der mathematischen Funktion $y = x^2$ vergleichbar: Ist $x = -2$ bekannt, weiß man sicher, dass $y = 4$ ist. Umgekehrt weiß man aber bei Kenntnis von $y = 4$ nicht, ob $x = -2$ oder $x = +2$ ist. Auf diese Weise ist der Wähler eindeutig identifizierbar.

---

2 Gesetz über Rahmenbedingungen für elektronische Signaturen und zur Änderung weiterer Vorschriften vom 16. Mai 2001, BGBl. I, 876; veröffentlicht am 21. Mai 2001.

5. Zur Technik von Wahlen und Abstimmungen

Wie fand die Wahl nun technisch statt? Im Prinzip wurde der heute bei einer Briefwahl erforderliche Prozess nachvollzogen. Die bei allen Teilnehmern bekannte Briefwahl wurde bewusst als Vorlage genutzt.

Am Wahlvorgang sind drei Parteien beteiligt. Wir nennen sie im Folgenden Alice, Bob und Charlie:

- *Alice* möchte ihre Stimme von ihrem PC aus abgeben (Wählerin).
- *Bob* ist die Landesgeschäftsstelle, welche das Wählerverzeichnis verwaltet (Wahlleiter).
- *Charlie* ist die elektronische Entsprechung einer Wahlurne.

Zu Beginn informiert Bob (der Wahlleiter) Alice (die Wählerin) darüber, dass sie wahlberechtigt ist. Dann weist sich Alice Bob gegenüber aus und fordert dabei ein digitales Zertifikat an. Bob übermittelt ihr das digitale Zertifikat und den öffentlichen Schlüssel von Charlie (der Wahlurne). Das digitale Zertifikat dient dazu, dass Alice ihre abgegebene Stimme elektronisch unterschreiben und damit zweifelsfrei nachweisen kann, dass die Stimme von ihr und nicht von einem Dritten abgegeben wurde (*nonrepudiation signature*). Bevor das geschieht, verschlüsselt Alice den elektronischen Wahlzettel mit Charlies öffentlichem Schlüssel, um die Anonymität der Wahl zu gewährleisten. Die so erst verschlüsselte und dann signierte Nachricht wird dann zu Bob geschickt, der die Unterschrift prüft. Wenn die Unterschrift gültig ist, markiert er Alices Zertifikat als ungültig und schickt den immer noch verschlüsselten Wahlzettel ohne Alices Unterschrift an Charlie, welcher den Wahlzettel entschlüsselt und die darin enthaltenen Informationen auswertet. Dieser Vorgang der anonymisierten Weiterleitung garantiert, dass Alices Wahlentscheidung nicht ausgeforscht werden und Alice nicht mehrfach an der Abstimmung teilnehmen kann.

Bei der Ausgabe der Disketten musste auf eine Besonderheit geachtet werden: Normalerweise werden die Delegiertenmeldungen per E-Mail an die Geschäftsstelle übermittelt. Die Validierung dieser Daten erfolgt dann sozusagen per Augenschein auf den realen Versammlungen. Dieser persönliche Kontakt ist hier jedoch nicht möglich, so dass auf eine sichere Übermittlung der auf den Kreisversammlungen gewählten Delegiertendaten bestanden werden musste. Da die meisten Kreisverbände ihre E-Mails nicht signieren und diese somit veränderbar gewesen wären, war für die Anmeldung der Delegierten bei der Landesgeschäftsstelle eine Übermittlung per E-Mail ausnahmsweise nicht gestattet. Den gemeldeten Delegierten wurden die Disketten auf dem Postweg zugestellt. Jede Diskette enthielt vier Zertifikate („Wahlscheine') und konnte damit für bis zu vier Abstimmungsrunden benutzt werden.

Natürlich gab es gewisse Furcht vor Hackerangriffen. Zu ihrer Abwendung wurde allerlei unternommen, angefangen bei der oben genannten Sicherheitstechnologie. Wichtig war aber vor allem, eine stand-by-Gruppe zu haben, die während des gesamten Parteitags schnell reagieren könnte und auch die Server bezüglich einer erhöhten Aktivität beobachtet. Außer ein paar ‚Babyhackern', die sich nach der Versuch-und-Irrtum-Methode anschickten, Passwörter zu erraten, wurde jedoch keine Aktivität verzeichnet. Kritischer erwies sich eine ganz andere Art von Angriff. Auf diversen Servern von Providern wurden E-Mails mit der Adresse @gruene.de herausgefiltert. Nun war die Eintragung von Redebeiträgen und damit der gesamte Parteitag unabhängig von E-Mails. Der Landesvorstand und das Präsidium kommunizierten aber über E-Mail. Durch diese Attacke gegen Server jenseits des Einflussbereichs der Partei wurde die Kommunikationsfähigkeit zwischen den Organisatoren eingeschränkt. Dieser Fehler wurde nach zwei Tagen wieder behoben. Zwischenzeitlich musste das Telefon als Kommunikationsmedium der Parteispitze dienen.

Schwieriger zu beheben waren auftretende Bedienungsfehler. Während der Abstimmungsrunden wurde bis tief in die Nacht hinein eine Hotline geschaltet, bei der die Delegierten anrufen konnten, falls etwas mit der Stimmabgabe nicht klappen sollte. Diese Hotline wurde nur mäßig frequentiert und die gemeldeten Fälle waren ausschließlich solche, bei denen die Benutzer Probleme bei der Bedienung des Computers hatten – oftmals nicht einmal auf die Wahlsoftware bezogen. Diese Erfahrung spiegelt eine grundlegende Problematik wider, die sich bei jeder Nutzung von technischen Geräten stellt.

Ein ernstes technisches Problem gab es im Vorfeld. Kurz vor dem Wahlgang wurde klar, dass die Zeit nicht mehr reichen würde, den virtuellen Wahlamtsleiter (Bob in obigen Beispiel) sicher zu betreiben. Vor die Wahl gestellt, eine Online-Wahl unsicher durchzuführen oder nicht, entschieden wir uns dafür, auf Basis des Content-Management-Systems des Diskussionsservers ein Wahlformular ins Netz zu stellen, auf dem die Delegierten ihre Entscheidung unverifiziert einstellen konnten. Erst im Nachhinein wurde dann im Offline-Betrieb das Softwarezertifikat dazu benutzt, in der eigentlichen Wahlsoftware nach der Validierung zu fragen. Für einen hackenden Außenstehenden wäre es also möglich gewesen, die Stimme ‚abzugeben' – auch wenn sie nachher nicht gezählt worden ist.

6. Die politische Diskussion

Die politische Diskussion während des virtuellen Parteitags hat sich sehr von der normaler Parteitage unterschieden. Generell ließen sich folgende Tendenzen beobachten:[3]

- Die Anzahl der Beiträge war erheblich (etwa 900 Beiträge).
- Die Länge der Beiträge war eher kurz. Hier ist festzuhalten, dass vielfach die Praxis vollzogen wurde, dass Reden vom Redner inhaltlich getrennt und als zwei Reden eingestellt wurden, so dass jede Rede auch nur einen Aspekt bearbeitet.
- Die Qualität der Beiträge war durchweg hoch. Es gab kaum emotionale Beiträge, wie sie ja häufig in Diskussionsforen beobachtet werden.
- Die Sachlichkeit der Beiträge war nach dem Eindruck der Teilnehmer deutlich gestiegen. Als Grund wird hier gern angeführt, dass auf einem virtuellen Parteitag durch die Nachlesbarkeit der Zwang zur Sachlichkeit stark gestiegen war und rhetorische Kunstgriffe schwarz auf weiß ihre Wirkung viel schlechter entfalten und zudem leichter entlarvt werden können als bei einem realen Parteitag.
- Auffallend war, dass die meisten der auf realen Parteitagen dominierenden Personen auf dem virtuellen Parteitag eine ungeordnete Rolle spielten, weil sie sich seltener zu Wort meldeten und – vielleicht durch die Schriftform bedingt – eher Statements im Sinne der bisherigen Medienlandschaft abgaben, statt beeinflussende und auf andere Diskussionsbeiträge eingehende Argumentationen zu liefern.
- Von der Konzeption her gewollt war, dass sich in Unterforen Fachdiskussionen über bestimmte Themen entwickelten. Dies gelang, wenn auch deutlich weniger gut als erwartet. Herkömmliche Parteitage leiden oft unter dem notwendigen Kompromiss zwischen Allgemeinverständlichkeit einerseits und fachlicher Korrektheit andererseits.

7. Schlussbemerkung

Gemessen an den ursprünglich gesetzten drei Zielen war der Parteitag ein Erfolg. Eindrucksvoll belegt wurde dies zum einen durch die überwältigende Presseresonanz. Überraschend war aber nicht nur das übergroße Interesse der Medien, sondern auch die Resonanz in den Parteigliederungen. Der virtuelle Parteitag wurde als willkommener Anlass genommen, im gesamten Bundes-

---

3 Zur politischen Diskussion auf dem Parteitag vgl. ausführlicher Bubeck/Fuchs (2001a), (2001b), Thimm (2001) und Westermayer (2001), (2002).

land Veranstaltungen dazu durchzuführen. Andere Landesverbände haben sich ebenfalls interessiert gezeigt und wollen den virtuellen Parteitag – in verbesserter Version – wiederholen. Der virtuelle Parteitag hat damit einen Beitrag zur inhaltlichen Konkretisierung der elektronischen Demokratie geleistet.

Literatur

Bubeck, Bernhard/Fuchs, Gerhard (2001a): Auf dem Weg in die digitale Politik. Ergebnisse der Begleitforschung zum 1.Virtuellen Parteitag von Bündnis 90/Die Grünen. In: Heinrich-Böll-Stiftung (Hg.): www. virtueller-parteitag.de. Untersuchungen zum 1. Virtuellen Parteitag von Bündnis90/Die Grünen Baden-Württemberg am 24.11.-3.12.2000. (Als Download abrufbar unter: http://www.boell.de/downloads/medien/parteitag.pdf, 37-57).

Bubeck, Bernhard/Fuchs Gerhard (2001b): Auf dem Weg in die digitale Politik. Eine Untersuchung zum Virtuellen Parteitag von Bündnis 90/Die Grünen. Stuttgart: Akademie für Technikfolgenabschätzung.

Thimm, Caja u.a. (2001): „Schön, dass es trotz aller Technik noch menschelt.". Partizipationsprofile, Argumentationsstrukturen und kommunikative Stile des virtuellen Parteitages. In: Heinrich-Böll-Stiftung (Hg.): www. virtueller-parteitag.de. Untersuchungen zum 1. Virtuellen Parteitag von Bündnis90/Die Grünen Baden-Württemberg am 24.11.-3.12.2000. (Als Download abrufbar unter: http://www.boell.de/downloads/medien/parteitag.pdf, 18-37).

Westermayer, Till (2001): Zeitsparen mit dem Internet? Ein zweiter Blick auf Zeitaspekte des Virtuellen Parteitags. In: Heinrich-Böll-Stiftung (Hg.): www. virtueller-parteitag.de. Untersuchungen zum 1. Virtuellen Parteitag von Bündnis90/Die Grünen Baden-Württemberg am 24.11.-3.12.2000 (als Download abrufbar unter: http://www.boell.de/downloads/medien/parteitag.pdf, 69-95).

Westermayer, Till (2002): Was passiert, wenn eine Partei im Netz tagt? Der „Virtuelle Parteitag" von Bündnis90/Die Grünen aus soziologischer Sicht. Magisterarbeit an der Philosophischen Fakultät der Albert-Ludwigs-Universität Freiburg im Breisgau (als Download abrufbar unter: http://www.westermayer.de/till/uni/parteitag-im-netz-pdf).

Nico Lange

Click'n'Vote – Erste Erfahrungen mit Online-Wahlen

1. Einleitung

„Am Heimcomputer sitz' ich hier, und programmier' die Zukunft mir ..." – diese 1981 formulierte Vision der deutschen Elektronik-Popgruppe Kraftwerk scheint mit der Möglichkeit, elektronische Wahlen über das Internet durchzuführen, auch für die Politik in greifbare Nähe gerückt zu sein. Zwar könnte der Benutzer so seine Zukunft nicht programmieren, wohl aber durch Abgabe seiner Stimme von zu Hause aus mitgestalten. Doch wie realistisch ist die Einführung politisch und rechtlich verbindlicher Online-Wahlen wirklich? Über deren tatsächlichen Entwicklungsstand, ihre Praxistauglichkeit und mögliche politische und gesellschaftliche Implikationen liegen derzeit eher diffuse und widersprüchliche Aussagen vor.

Die Erwartungen, welche die Befürworter an den Einsatz moderner Kommunikationsmöglichkeiten für politische Wahlen richten, sind hoch gesteckt und ausgesprochen vielfältig.[1] Man geht nicht nur davon aus, dass die Möglichkeit zum Votum per Internet der zunehmenden Mobilität und Flexibilisierung der Menschen Rechnung trägt und der geringen Wahlbeteiligung entgegenwirkt. Die Partizipation im Netz soll letztlich auch zu besser informierten und politisch integrierten Staatsbürgern führen. Schließlich wird die Senkung der Kosten für Wahlen durch die Ersetzung des bisher sehr aufwändigen Auszählungsverfahrens durch das E-Voting als Argument für die Einführung von Internetwahlen angeführt.

Die Hauptbedenken der Kritiker von Online-Wahlen beziehen sich auf die Sicherheitsstandards: Wahlen über elektronische Netze bieten verschiedene Angriffsmöglichkeiten für die Manipulierung von Wahlergebnissen. Gerade im letzten Jahr sind im Zusammenhang mit sich trotz vielfältiger Vorsichtsmaßnahmen verbreitenden Computerviren wie etwa ‚Code Red' von vielen Seiten erhebliche Bedenken laut geworden. So sehen auch zwei renommierte amerikanische Institute – das Massachusetts Institute of Technology (MIT) und das California Institute of Technology (Caltech) – in einer

---

1 Vgl. zum Folgenden den Beitrag von Harald Neymanns in diesem Band.

umfangreichen gemeinsamen Studie[2] vom Juli 2001 Internetwahlen mit eklatanten Sicherheitsrisiken verbunden. Die Einwände der Forscher sind vor allem technischer Natur. Prinzipiell wird die Internet-Wahl jedoch nicht abgelehnt, sondern als Entwicklungsziel bestätigt.

Die kalifornische Internet Voting Task Force, die Ende 1999 vom kalifornischen Secretary of State, Bill Jones, initiiert wurde, ist insbesondere in puncto Sicherheit ähnlich skeptisch und geht nicht davon aus, dass E-Voting schon in naher Zukunft eine Option darstellt. In dem weltweit beachteten Report[3] der Internet Voting Task Force wurde dagegen ein langsames, stufenweises Vorgehen in vier Schritten vorgeschlagen.[4] Zuerst seien die Wahllokale ans Internet zu bringen. Dann könne daran gedacht werden, Wähler in beliebigen Wahllokalen abstimmen zu lassen. Als dritter Schritt ließe sich die Wahl von Rechnern in öffentlichen Einrichtungen aus in Erwägung ziehen. Erst am Schluss stünde die Aussicht, über eine beliebige Internet-Verbindung zu wählen. Auf diese Weise ließe sich jeder einzelne Schritt samt den damit verbundenen Sicherheitsmaßnahmen umfassend testen.

In Bezug auf Online-Voting ist die Frage der Sicherheit ausgesprochen kompliziert und vielschichtig, so dass Praxistests essenziell für die Entwicklung eines funktionierenden und benutzerfreundlichen Systems sind. Es ist ein ehernes Gesetz der Computerbranche, dass niemand alle möglichen Fehler eines Projekts theoretisch vorherbestimmen kann. Nur durch ständige, umfangreiche Tests lassen sich Fehler in der Technik und der Benutzeroberfläche entdecken. Selbst relativ einfache Probleme wie z.B. das Nichtvorhandensein von „ß" und den Umlauten auf einigen Tastaturen treten erst im Praxistest zu Tage. Leider führten derartige Unwägbarkeiten und eine teilweise unklare Benutzerführung in der Wahlsoftware selbst bei manchen durchgeführten Wahlen zu einem sehr hohen Anteil ungültiger Stimmen. In Hinblick auf den möglichen Einsatz von Online-Technik bei politischen Wahlen darf man die Anforderungen an die Ergonomie der Wahlsoftware also nicht unterschätzen.

Seit dem Ende der neunziger Jahre wurden im Rahmen dieser und ähnlicher Konzepte vor allem in Deutschland und den USA einige Schattenwahlen und Wahlsimulationen, aber auch bereits rechtlich bindende Wahlen online

---

2   Ausgangspunkt für die Studie waren die Probleme bei den amerikanischen Präsidentenwahlen im November 2000. Caltech/MIT machen für die Fehler in erster Linie die eingesetzten elektronischen Hilfsmittel verantwortlich. Nach ihrer Einschätzung sind durch das elektronische Auszählungsverfahren 4 bis 6 Mio. Stimmen verloren gegangen. Ein Caltech/MIT-Team von IT-Spezialisten, Ingenieuren, Sozialwissenschaftlern und Studenten suchte deshalb im ‚Voting Technology Report' nach Möglichkeiten, die Wahl-Technologie zu verbessern. Dabei wurde für Internetwahlen ein ernüchterndes Fazit gezogen. Vgl. Caltech/MIT (2001).

3   Der Report der California Internet Voting Task Force stellte 1999 die erste umfassendere und fundierte Studie zur Machbarkeit von Wahlen im Internet dar. Er ist unter http://www.ss.ca.gov/executive/ivote/final_report.pdf verfügbar.

4   Vgl. Herbert Kubicek/Martin Wind (2001) und den Beitrag der Autoren in diesem Band.

durchgeführt. Für die nähere Betrachtung dieser Pilotprojekte ergeben sich vor allem zwei Untersuchungsdimensionen – eine technische und eine sozialwissenschaftliche. Aus technischer Sicht stellt sich die Frage, ob sich die technischen Bedenken und vermuteten Sicherheitsrisiken bestätigt haben. Dabei ist vor allem von Interesse, ob Manipulationsmöglichkeiten ausgeschlossen waren und inwieweit die Benutzer (Wähler) mit dem Verfahren des Wählens im Netz zurechtgekommen sind. Aus sozialwissenschaftlicher Sicht gilt es zu untersuchen, ob die in der Argumentation für Internetwahlen häufig in Aussicht gestellten politischen und gesellschaftlichen Auswirkungen (z.B. erhöhte Wahlbeteiligung – vor allem in jüngeren Bevölkerungsgruppen, geringere Kosten usw.) tatsächlich eingetreten sind und welche sonstigen sozialen ‚Nebenwirkungen' mit der Verwendung der neuen Technologie auftreten.

2. Pilotprojekte

Im Folgenden werde ich einige der durchgeführten Pilotprojekte vorstellen und deren Besonderheiten, Stärken und Probleme herausarbeiten. Dabei werde ich mit den Pilotprojekten aus Deutschland beginnen (2.1), bei denen das Wahlsystem der Forschungsgruppe Internetwahlen, ‚i-vote', angewandt wurde. Danach werde ich anhand von Beispielen die Lösung von Safevote (2.2) vorstellen, die neben der von election.com aus den USA stammt. Mit election.com (2.3) und anderen Projekten (2.4) schließe ich den Überblick ab. Besondere Beachtung verdient im Abschnitt 2.3.2 die Wahl zu den Arizona Democratic Primaries, da diese für die sozialwissenschaftliche Bewertung das bislang beste Datenmaterial bietet.

2.1 ‚i-vote'

‚i-vote'[5] wurde von der Forschungsgruppe Internetwahlen an der Universität Osnabrück entwickelt. Mit diesem System wurden die meisten Online-Wahlen in Deutschland durchgeführt. Die Wahlen zum Studierendenparlament in Osnabrück, bei denen ‚i-vote' eingesetzt wurde, gelten nach wie vor als erste rechtsverbindliche Wahl über das Internet.[6]

---

5 http://www.i-vote.de.
6 Das Studierendenparlament an der Universität St. Gallen ermöglicht seit 1997 alle Wahlen und Urabstimmungen zusätzlich zur Stimmabgabe per Papier über Computer mit Lotus-Notes, so dass die Stimme von überall in der Welt abgegeben werden kann, so lange LotusNotes installiert ist. In Bezug auf die Sicherheit genügt dieses System jedoch kaum den hohen Ansprüchen.

Im den kommenden Abschnitten werde ich einige der Wahlen mit ‚i-vote' näher beschreiben und analysieren.

2.1.1 Techniker Krankenkasse Hamburg – Sozialwahlen

Anlässlich der Sozialwahl der Techniker Krankenkasse Hamburg (TK) 1999[7] entwickelte die Forschungsgruppe Internetwahlen der Universität Osnabrück basierend auf einem Projekt zur Bundestagswahl 1998 („Wahlkreis 329"[8]) eine Simulation, bei der die 3,2 Mio. Versicherten der TK die Möglichkeit erhielten, parallel zur rechtsgültigen Briefwahl ihr Votum mittels eines Wahlspiels über das Internet abzugeben.

Das Hauptanliegen des Projekts lag in der Aufspürung und Verdeutlichung technischer Mängel und der Erprobung der Sicherheitsstandards. Während des Wahlvorganges trat dann auch eine ganze Reihe technischer und Benutzerprobleme auf.

Die Möglichkeit zur Teilnahme an der Wahlsimulation wurde von 1009 Wählern genutzt. Das waren nur etwa 0,32 Prozent der Wahlberechtigten, obwohl die Mitgliederstruktur der TK (Ingenieure, Techniker, Architekten usw.) und die 1999 bereits recht hohe Verbreitungsquote des Internets durchaus einen höheren Wert erwarten ließen. Möglicherweise war hier die Öffentlichkeitsarbeit vonseiten der TK und der Forschungsgruppe nicht ausreichend, so dass viele Mitglieder gar nicht von der Internetwahl wussten.

Der größte Teil der Online-Wähler zog es vor, die Stimme von zu Hause aus abzugeben und nicht etwa aus dem Büro oder einem öffentlichen Internetcafé.

Das Wahlverhalten der Online-Wähler unterschied sich nicht signifikant von dem der konventionellen Wähler, auffallend war jedoch eine deutliche Unterrepräsentation der neuen Bundesländer. Dieser Unterschied liegt in der damals im Vergleich zu den alten Bundesländern geringeren Ausstattung der Haushalte mit modernen Kommunikationsmitteln begründet. Man kann davon ausgehen, dass diese ‚digitale Teilung' Deutschlands zwar 1999 noch sichtbar war, mittlerweile aber deutlich abgenommen hat, denn die Kosten für PC-Hardware und auch die Providerkosten sind besonders seit dem Jahr 2000 deutlich zurückgegangen und auch die Verbreitungsquote von Internetanschlüssen in den neuen Bundesländern nähert sich der in den alten Bundesländern an.

---

7   Der offizielle Abschlussbericht der Forschungsgruppe Internetwahlen findet sich unter http://www.internetwahlen.de/projekt/tk-bericht.zip. Vgl. auch den Beitrag von Dieter Otten in diesem Band.

8   ‚Wahlkreis 329' war ein studentisches Projekt zur Erforschung der Voraussetzungen und Möglichkeiten von Internetwahlen, aus dem aufgrund der sehr großen Resonanz die Forschungsgruppe Internetwahlen hervorging. Das Projekt bestand sowohl in der online simulierten Stimmabgabe zur Bundestagswahl 1998 als auch in einer von den Online-Nutzern erstellten Wahlprognose. Informationen zu ‚Wahlkreis 329' und den anderen Wahlspielen der Forschungsgruppe Internetwahlen finden sich unter http://www.internetwahlen.de.

Etwas überraschende Ergebnisse ergab die Untersuchung der Sozialstruktur der Internetwähler. Entgegen den Erwartungen einer Überrepräsentation der Hauptnutzergruppe des Internets (männlich, 25-40 Jahre alt, hohe Bildung) war der Anteil der Frauen unter den Online-Wählern sehr hoch, und auch die Altersstruktur der Online-Wähler erwies sich als relativ ausgeglichen. Es ist denkbar, dass sich der hohe Frauenanteil an den Internetwählern auf die berufliche Tätigkeit der in der TK vertretenen Frauen zurückführen lässt. Bestätigt hat sich dagegen der hohe Bildungsstandard der Internetnutzer. Wie schon beim oben genannten Bundestagswahlspiel 1998 (Wahlkreis 329) stellten auch bei der Sozialwahl Wähler mit Abitur bzw. Hochschulabschluss die Mehrheit (Abb. 1).

Abbildung 1: Bildungsstandard der Teilnehmer an der TK-Sozialwahl [9]

Item	Absolut	von 1009
Hochschulabschluss	390	38,7%
Mittlere Reife	146	14,5%
Abitur	140	13,9%
Fachhochschulreife	135	13,4%
Hauptschule	59	5,9%
Keinen Abschluss	1	0,1%
Keine Angaben	138	13,7%

Insgesamt kann die Wahlsimulation der TK als Erfolg angesehen werden. Die gewonnenen Erkenntnisse waren hilfreich für die weitere Entwicklung und die aufgetretenen Fehler können bei zukünftigen Projekten relativ leicht vermieden werden. Zumindest die tatsächliche praktische Durchführbarkeit von Online-Wahlen ist bewiesen worden.

2.1.2 Studierendenparlament Osnabrück

Basierend auf den Erfahrungen der TK-Sozialwahl führte die Forschungsgruppe Internetwahlen im Februar 2000 die weltweit erste rechtsverbindliche Online-Wahl durch. Die Studierenden der Universität Osnabrück hatten die Möglichkeit, die Vertreter für das Studierendenparlament und die Fachschaften per Cybervote zu bestimmen.[10] Dafür wurde für jeden interessierten Wahlberechtigten ein digitaler Wahlausweis in Form einer Chipkarte mit einer persönlichen digitalen Signatur erstellt, der zusammen mit einem Kartenlesegerät und einer speziellen Wahlsoftware ausgegeben wurde. Damit konnte dann die Stimme von jedem beliebigen PC mit Internetanschluss aus

---

9 Quelle: Abschlussbericht der Forschungsgruppe Internetwahlen in: http://www.internetwahlen.de.
10 http://www.internetwahlen.de.

abgegeben werden. Zusätzlich wurden in der Universität spezielle Wahl-Terminals bereitgestellt.

Die Wahl stieß aufgrund ihrer damals weltweiten Einmaligkeit auf reges nationales und internationales Interesse. Vonseiten der Forschungsgruppe Internetwahlen und auch in den Presseberichten wurde sie vielfach als „großer Erfolg"[11] hervorgehoben. Tatsächlich waren aber während des Wahlvorgangs erhebliche Probleme aufgetreten. Die Installation und Inbetriebnahme der Kartenlesegeräte war für viele der Interessierten nicht zu meistern, für einige Computersysteme stellten sich die Lesegeräte sogar als inkompatibel heraus. Mehrere digitale Signaturen auf den Chipkarten waren trotz erfolgreicher Installation nicht lesbar, die Fehlerquelle dafür blieb unklar. Auch stellten sich die eingesetzten Netzwerkverbindungen als problematisch heraus. Durch Ausfälle im internen Netz der Universität waren Wahlserver über längere Zeiträume hinweg nicht erreichbar, so dass viele Versuche die Wählerstimme zu übermitteln, scheiterten. Bei diesen fehlgeschlagenen Stimmabgabeversuchen wurden sogar auf den Computern der Wähler temporäre Dateien erzeugt, die die Wahlabsicht enthielten. Diese temporären Dateien wären für Hacker relativ problemlos zugänglich gewesen und stellten somit ein erhebliches Sicherheitsrisiko dar. Die daraus erwachsenen begründeten Zweifel an der Sicherheit des Verfahrens veranlassten die Studentenschaft schließlich, die erfolgreiche Durchführung der Internetwahlen nicht zu bestätigen.

Ein großer Teil der Nutzer beklagte sich zudem über die Unübersichtlichkeit und schlechte Bedienbarkeit der eingesetzten speziellen Wahlsoftware. Die Wahlen wurden außerdem von einer Reihe logistischer Pannen begleitet, die letztlich dazu führten, dass ein Großteil der bereits für die Internetwahl registrierten Wähler die entsprechenden Chipkarten nicht rechtzeitig zum Wahltermin erhielt.

406 Teilnehmer hatten sich im Vorfeld für die Wahl registrieren lassen, aber nur 156 von etwa 10.000 wahlberechtigten Studierenden[12] gaben dann tatsächlich online ihre Stimme ab. Dies entsprach rund 10 Prozent der etwa 1.600 Gesamtwähler. Diese Zahlen sind enttäuschend, auch wenn man das allgemein geringe Interesse der Studierenden an Wahlen zu derartigen Gremien berücksichtigt. Die Wahlergebnisse der Online-Wähler unterschieden sich nicht von denen der konventionellen Wähler. Bemerkenswert ist, dass die Studierenden es – trotz des erheblichen technischen Mehraufwandes – vorzogen, die Wahl von zu Hause aus vorzunehmen. Und das, obwohl spe-

---

11 Vgl. etwa Die Zeit, 16/2000, unter http://www.zeit.de/2000/16/200016_e_democracy.html.
12 In Presse und Literatur finden sich sehr widersprüchliche Angaben zur Wahlbeteiligung. Das Spektrum reicht von 150 bis 500 online abgegebenen Stimmen. Ich beziehe mich auf die Debatte in der „Neuen Osnabrücker Zeitung" vom 5.-25.2.2000, in der sowohl vonseiten der Studierenden als auch vom Leiter der Forschungsgruppe, Dieter Otten, die Zahl von 156 Online-Wählern bestätigt wurde.

ziell eingerichtete Wahlmaschinen leicht zugänglich und technisch weniger problembehaftet zur Verfügung standen.

2.1.3 Personalratswahl LDS Brandenburg

Im Juni 2000 führte der Landesbetrieb für Datenverarbeitung und Statistik Brandenburg[13] (LDS) eine fiktive Personalratswahl im Internet durch. Die Projekt-Schwerpunkte lagen bei der Sicherstellung der Authentizität und der Identität der Wähler, der Datensicherheit und Geheimhaltung sowie der Datenübermittlung im Internet.

Die technischen Ausgangsbedingungen für einen Feldversuch beim LDS waren ausgesprochen günstig. Beispielsweise waren innerhalb des LDS bereits 1999 alle PC-Arbeitsplätze vereinheitlicht und standardmäßig mit Chipkartenlesern ausgerüstet worden.

Das von der Forschungsgruppe Internetwahlen bereits bei der Wahlsimulation der Techniker Krankenkasse und der Wahl zum Studierendenparlament in Osnabrück erprobte ‚i-vote'-System mit spezieller Wahlsoftware, Chipkartenlesern und persönlichen Chipkarten mit elektronischen Signaturen kam auch in diesem Fall zum Einsatz. Die Chipkarte funktionierte als Identitätsnachweis, wobei der rechtmäßige Karteneinsatz durch Eingabe einer PIN sichergestellt wurde, die nur dem Karteninhaber bekannt war. Diese PIN wurde nach einer Identitätsprüfung durch eine „Kontrollmail" per E-Mail versandt. Durch den damals kursierenden Computervirus „ILOVEYOU" waren einige der Nutzer allerdings so verunsichert, dass sie auch die Kontrollmails ungelesen löschten, so dass sie ihre PIN niemals erhielten.

Abbildung 2: Chipkarte für Personalratswahl LDS Brandenburg via Internet

Die Erkenntnisse aus den Problemen der Studierendenparlamentswahl in Osnabrück wurden umgesetzt, so dass technische und organisatorische Pan-

---

13 http://www.brandenburg.de/evoting/evoting_int.pdf.

nen weitgehend vermieden werden konnten. Schwierigkeiten traten jedoch bei Deinstallationen und Neuinstallationen von ‚i-vote' auf. Die dazu notwendigen Veränderungen waren nur durch IT-Profis möglich und überforderten normale Nutzer. Weiterhin war mit 16 Chipkarten wieder ein erheblicher Anteil, etwa 5 Prozent, defekt bzw. ausgefallen.

Von den 561 Mitarbeitern des LDS nahmen 329 an der Online-Wahl teil. Dies entspricht etwa 60 Prozent. Bei der letzten regulären Personalratswahl 1998 hatten sich 401 Mitarbeiter beteiligt.

2.1.4 Jugendgemeinderatswahlen Esslingen

Im Zuge der Weiterentwicklung des ‚i-vote'-Programms konnten die Jugendlichen der Gemeinde Esslingen im Juli 2001 die Vertreter für den Jugendgemeinderat per Mausklick bestimmen.[14] Das dabei eingesetzte technische Verfahren entsprach dem bei der Studierendenparlamentswahl in Osnabrück und bei der LDS-Personalratswahl erprobten. Zusätzlich war die Wahl auch an Wahlmaschinen[15] möglich, die von der Stadt Köln zur Verfügung gestellt worden waren. Dort hat man mit Wahlmaschinen schon mehrfach gute Erfahrungen bei Oberbürgermeisterwahlen gesammelt. Während diese Wahl-Terminals auch reibungslos funktionierten, verursachten Chipkarten und Lesegeräte wiederum die bekannten Probleme. Ein Mitglied des Jugendgemeinderates Esslingen fasste es wie folgt zusammen: „Das Verfahren, die Signaturkarte zu beantragen, ist unheimlich kompliziert. Und die Installation des Lesegeräts funktioniert bei den meisten Rechnern nicht."

Von den 4880 wahlberechtigten Jugendlichen in Esslingen gaben schließlich nur 34 ihre Stimme über das Internet ab. Die Wahlbeteiligung war insgesamt mit 5,5 Prozent (271 Stimmen) sehr niedrig. Gerade bei Jugendlichen hatte man sich vonseiten der Wahlleitung und der Gemeinde durch den Einsatz von Wahlmaschinen und Internetwahl deutlich mehr Beteiligung erhofft, auch wenn gegenüber der letzten Jugendgemeinderatswahl, wo etwa 200 Stimmen abgegeben worden waren, eine geringfügige Steigerung erreicht werden konnte. Diese ist jedoch vor allem auf die Durchführung der Präsenzwahl an einem Wahlautomaten in einer Diskothek am Wahlabend zurückzuführen.

2.1.5 Bewertung: Chipkarten und Cybervoting

Auch wenn der Einsatz von Chipkarten mit digitalen Signaturen, entsprechenden Lesegeräten und spezieller Software eine Möglichkeit zur Erreichung der notwendigen hohen Sicherheitsstandards darstellt, liegt darin bislang die Krux des ‚i-vote'-Systems. Das Wahlverfahren wird für den Nutzer im Vergleich zur konventionellen Wahl damit sogar komplizierter und unbe-

---

14 http://www.jgrwahl.esslingen.de/
15 Diese Wahlmaschinen arbeiten allerdings nicht vernetzt.

quemer. Die Beantragung der Chipkarte, der Versand der PIN, der Anschluss sowie die Installation von Kartenlesegeräten und Software sind zeit- und kostenintensiv und zudem fehleranfällig. Nicht zuletzt aus diesem Grund plädiert Dieter Otten in seinem Beitrag in diesem Band für eine umfassende Umorientierung in Richtung ‚Civis Digitalis'.

2.2 Safevote

Neben dem von der Forschungsgruppe Internetwahlen in der Bundesrepublik eingesetzten ‚i-vote'-Verfahren und dem bei den Democratic Primaries und der ICANN-Wahl eingeführten System von election.com, mit dem ich mich in Abschnitt 2.3 beschäftigen werde, tauchte im Jahr 2000 ein weiteres Verfahren zur Stimmabgabe im Netz auf. Dieses wurde von safevote.com[16] entwickelt und bei einer Schattenwahl, d.h. einer Internet-Wahlsimulation, im Vorfeld der Präsidentenwahlen im November 2000 benutzt (2.2.1). Safevote wurde ebenfalls bei der Wahl zur Studentenvertretung in Umeå, Schweden, eingesetzt (2.2.2).

2.2.1 Wahlsimulationen in Kalifornien

In einer Wahlsimulation in den Wahlbezirken Contra Costa County, Sacramento, San Diego und San Mateo in den USA wurde Safevote wenige Tage vor den Präsidentenwahlen im November 2000 getestet. Dieser Versuch entsprach Phase 1 des im eingangs erwähnten Bericht der California Internet Voting Task Force entwickelten Konzeptes. Diese erste Phase beinhaltet die Stimmabgabe an speziell eingerichteten Wahlcomputern. Diese Form der elektronischen Wahl bietet zwar nur geringe Vorteile für die Wähler, das Auszählungsverfahren lässt sich damit jedoch vereinfachen und beschleunigen.

In Contra Costa nutzten 307 Wähler die Möglichkeit für diesen Wahltest, der sich auf die technischen und Sicherheitsaspekte beschränkte. Die Wahlen wurden an für diesen Zweck eingerichteten PCs mit spezieller Software durchgeführt. Dieses Verfahren ist sehr zuverlässig und genügt höchsten Sicherheitsanforderungen. Mehrere angeleitete Hacker-Attacken – Safevote selbst hatte zu den Attacken aufgerufen – während des Wahlvorgangs waren nicht in der Lage, das System zu überwinden. Die intuitive Benutzerführung des Systems durch Computermaus, Touchscreen und Online-Hilfefunktionen war beispielhaft für elektronische Wahlsysteme. Die Benutzer hatten keinerlei Bedienungs- bzw. Verständnisprobleme und zeigten sich begeistert. Dies beweist, dass gerade bei den in den Vereinigten Staaten teilweise sehr un-

---

16 http://www.safevote.com.

übersichtlichen Stimmzetteln, elektronische Wahlsysteme einen großen Gewinn darstellen können.

Das Wahlergebnis dieses Tests fiel deutlich zugunsten der Demokraten aus. Dies entsprach dem tatsächlichen Ergebnis der Präsidentenwahlen in diesem Wahlkreis im November 2000.[17] Bei den Testwählern handelte es sich vor allem um Personen mit höherer Schulbildung.

2.2.2 Umeå studentkår (Schweden)

Die in der Contra Costa County-Testwahl benutzte Safevote-Technologie wurde in etwas modifizierter Form auch bei der Wahl zur schwedischen Studentenvertretung im Mai 2001 in Umeå[18] angewendet. Dort wurden konventionelle Wahlmöglichkeiten und rechtsverbindliche Internetwahlen miteinander kombiniert. Neben den bereits in Costa County eingesetzten Wahlmaschinen wurde auch die Möglichkeit zur Wahl via Internet geschaffen. Dazu war keine spezielle Hardware notwendig. Durch die Wahlleitung wurde lediglich für jeden Wähler ein so genanntes DVC (Digital Vote Certificate) ausgestellt, mit dessen Hilfe sich die Benutzer beim Wahlvorgang identifizieren konnten.

Safevote nutzte diese Wahl, um neue Sicherheitsmaßnahmen zu erproben. Zum einen ging es dabei um die Gefahr des Spoofings. Diese Form der Wahlmanipulation kann selbst durch Kryptografie nicht verhindert werden. Beim Spoofing wird dem Computer des Benutzers gewissermaßen eine Stimmabgabe vorgetäuscht, die Stimme kommt jedoch nicht beim tatsächlichen Wahlserver an, sondern wird auf eine speziell eingerichtete Täuschungsseite geleitet. Die U.S. National Science Foundation hatte zuvor im Zusammenhang mit Internetwahlen Spoofing als fast unlösbares Problem bezeichnet. Die schwedische Wahl hat jedoch gezeigt, dass technische Vorkehrungen getroffen werden können, um Spoofing effektiv zu verhindern. Die zweite technische Neuerung wurde aufgrund zahlreicher, vor allem in den USA geäußerter Bedenken in Bezug auf Möglichkeiten der Manipulation durch erpresste Stimmabgabe oder Stimmenkauf entwickelt. Bei der Wahl in Umeå war es den Teilnehmern möglich, im Wahlzeitraum mehrfach zu wählen, wobei dann die jeweils letzte Stimme als die gültige angesehen wurde. Dieses Verfahren wurde von den Nutzern sehr gut angenommen und hat reibungslos funktioniert.

Die studentische Vertretung der Universität Umeå hatte die Internetwahlen vor allem vorangetrieben, um die Beteiligung an den Wahlen zu erhöhen und die Kosten zu senken. Aufgrund der großen Entfernungen in Schweden und der oft schlechten Witterungsverhältnisse würden sich auch für viele der Studenten deutliche Erleichterungen ergeben. Die hohen Er-

---

17 Vgl. http://www.co.contra-costa.ca.us/depart/elect/frame42.htm.
18 http://www.safevote.com/umea.

wartungen wurden nicht erfüllt. Nur etwa 2 Prozent der insgesamt etwa 12.500 Wahlberechtigten nutzten die Gelegenheit zur Stimmabgabe im Netz. Durch Internetwahlen konnte das geringe Interesse an Wahlen zu studentischen Gremien nicht gesteigert werden.

2.3 Election.com

Election.com ist das wohl weltweit bekannteste Online-Wahlsystem. Es wurde bisher vor allem in den USA eingesetzt. Der hohe Bekanntheitsgrad mag daran liegen, dass bereits zwei der Wahlen mit der Software von election.com eine große öffentliche Beachtung fanden. Das waren zum einen die Wahlen zum ICANN-Direktorium (2.3.1) und zum anderen die Democratic Primaries zu den Präsidentschaftswahlen in den USA im Jahr 2000 (2.3.2), auf die ich mich hier konzentrieren werde.

2.3.1 Wahlen zum ICANN-Direktorium

Die Wahl zur Besetzung der fünf regionalen Direktorenposten der ICANN (Internet Corporation For Assigned Names and Numbers) im Sommer 2000 fand ausgesprochen viel Beachtung in der internationalen Öffentlichkeit.[19] Es handelte sich weniger um einen Testfall für nationale Wahlen, als vielmehr um die Erprobung für grenzüberschreitende Formen der demokratischen Partizipation. Für die ICANN-Wahl wurde die Welt in 5 Wahlkreise eingeteilt (Afrika, Asien, Australien/Pazifik, Europa, Lateinamerika/Karibik, Nordamerika). Dadurch entstanden Wählergemeinschaften, die in Bezug auf Sprache, Tradition und Öffentlichkeit – und damit auch hinsichtlich der Kenntnis der Kandidaten – wenige bzw. gar keine Gemeinsamkeiten aufwiesen.

Die Wahl selbst und die Wahlprozeduren waren im Vorfeld auch innerhalb von ICANN selbst umstritten und der Wahlprozess war von einer großen Anzahl technischer und organisatorischer Pannen begleitet. ICANN versuchte eine globale Wahl quasi ohne Budget durchzuführen. Letztlich stand nur eine Spende der Markle Foundation in Höhe von US$ 200.000 zur Verfügung. Die Wahlorganisation bei der ICANN sollte von nur einem einzigen Mitarbeiter bewältigt werden. Das Resultat war logischerweise eine völlige Überforderung. Mangels kompetenter Partner und Budget wurde kurzfristig eine einfache Software für die Wahl und die Identifizierung der Wähler programmiert, die dann im Ernstfall selbst den simpelsten Anforderungen nicht gerecht werden konnte. Beispielsweise war es für asiatische oder russische Wähler aufgrund der ausschließlichen Verwendung des ASCII-Zeichensatzes

---

19 http://www.icann.org.

kaum möglich, die Wahlunterlagen zu verstehen. Übersetzungen in die jeweiligen Landessprachen waren nur schleppend verfügbar.

Neben dem Arbeitsaufwand wurde auch das Nutzerinteresse durch die ICANN völlig unterschätzt. Man hatte mit etwa 5.000 bis 10.000 Wählern gerechnet, registriert hatten sich dann aber knapp 160.000, was später zum Zusammenbruch der eingesetzten unterdimensionierten Server und Leitungen führte.[20] Vor allem die Registrierung stellte ein großes Problem dar: Während für amerikanische Wähler die vorherige Registrierung aufgrund des dortigen Wahlsystems eine Selbstverständlichkeit darstellt, ist diese Praxis z.B. in Europa nicht gebräuchlich und hat viele Wähler irritiert. Gleiches gilt für das eigentliche Wahl- und Auszählungsverfahren: Das angewendete präferenzielle Wahlsystem ist fast nirgendwo auf der Welt gebräuchlich. Die Wähler hatten kaum eine Vorstellung davon, welche Konsequenzen ihre Wahlentscheidung haben würde.

Obwohl man die ICANN-Wahlen getrost als Desaster bezeichnen kann, lassen sich aus ihr einige grundlegende Erkenntnisse für zukünftige transnationale Internetwahlen gewinnen. Grenzüberschreitende Wahlverfahren sind – trotz Internet – sehr teuer und vorbereitungsintensiv. Die Organisation und Durchführung einer derartigen Wahl kann nur von einem internationalen Team bewerkstelligt werden. Eine transnationale Wahl im Internet erfordert schlicht gestaltete multilinguale Benutzeroberflächen auf der Basis gängiger Browserversionen oder sogar unter Einbeziehung von E-Mail. Das technische Rückgrat einer solchen Wahl muss von robusten Servern gebildet werden, die mit schubweise auftretendem großem Datenverkehr fertig werden können. Die Identitätsüberprüfung der Wähler mittels des klassischen Briefverkehrs ist kostenintensiv, nicht sicher und vor allem aufgrund der internationalen Postwege unzuverlässig. Die Bekanntmachung der Wahlen, der Kandidaten und des Registrierungs- bzw. Identifikationsverfahrens macht intensive Öffentlichkeitsarbeit nötig.

Das interessante Phänomen bei der ICANN-Wahl stellt die unerwartet hohe Wahlbeteiligung dar. Das starke weltweite Echo – trotz allgemeiner Unklarheit über die tatsächlichen Aufgaben der ICANN und die politische Relevanz der Direktorenposten – zeugte von einem sehr großen Interesse der Internetnutzer an elektronischer Partizipation.

2.3.2 Arizona Democratic Primary 2000

Die Vorwahl der Demokratischen Partei in Arizona zur Präsidentenwahl 2000 war die erste amerikanische rechtsverbindliche Internetwahl.[21] Die Primaries wurden in Zusammenarbeit mit der Firma election.com durchge-

---

20 In vielen Ländern (auch in Deutschland) erlangte die ICANN-Wahl ihre stärkste Medienpräsenz und Popularität erst nach Ablauf der Registrierungsfrist, so dass die Beteiligung noch deutlich höher hätte liegen können.
21 http://www.azdem.org/breakdown.html.

Click'n'Vote – Erste Erfahrungen mit Online-Wahlen 139

führt. In dem Verfahren wurde den 827.000 registrierten Demokraten eine PIN zur Identifizierung zugesandt und in einem Zeitraum von vier Tagen bis zum eigentlichen Wahltag war die Stimmabgabe von jedem beliebigen Internetcomputer aus möglich. Am Wahltag selbst standen ausschließlich 124 offizielle Wahlcomputer bereit, zusätzlich war es möglich, auf die konventionelle Briefwahl zurückzugreifen.

Die öffentlich bereitgestellten Wahlcomputer funktionierten auch hier problemlos, während es bei den privaten Internetwählern zu einer Reihe von technischen Pannen kam. Ältere Browserversionen stellten die Wahl-Webseiten überhaupt nicht dar und auf Apple-Rechnern konnten die Seiten nicht ordnungsgemäß aufgerufen werden. Vereinzelt brachen Telefonleitungen unter der Last des Datenverkehrs zusammen: Etwa 4 Prozent der registrierten Demokraten gaben dann auch aus diesen Gründen frustriert auf.[22]

Die Wahlbeteiligung lag mit 86.907 abgegebenen Stimmen bei 10,56 Prozent. Im Vergleich zu den Primaries von 1996 bedeutet das eine Steigerung um 575 Prozent. Dieser enorme Anstieg ist aber nicht allein auf die Möglichkeit der Internetwahl zurückzuführen. Im Vergleich zu 1996 hat sich beispielsweise bei den Vorwahlen der Demokraten im Wahlbezirk Rhode Island die Wahlbeteiligung um 416 Prozent erhöht. Doch auch unter Berücksichtigung der Vergleichswerte sticht die Arizona-Wahl mit dem größten Anstieg der Wahlbeteiligung in Demokratischen oder Republikanischen Vorwahlen von 1996 zu 2000 deutlich heraus.

Abbildung 3: Wahlmethoden Arizona Primary[23]

	Wähler (%)
Internet	41
Öffentlicher Wahlcomputer (Internet)	5
Briefwahl	38
Wahlkabine (Stimmzettel)	16

Knapp die Hälfte (46 Prozent) der etwa 86.907 insgesamt abgegebenen Stimmen stammten von Internetwählern (Abb. 3). 90 Prozent dieser Online-Wähler hatten in den vier Tagen vor dem Wahltag ihre Stimme abgegeben, und 78 Prozent der Internetwähler gaben ihre Stimme von zu Hause aus ab (Abb. 4).

---

22 Solop (2000).
23 Quelle: http://www.azdem.org.

Abbildung 4: Orte der Stimmabgabe[24]

	Internet-Wähler (%)
Zu Hause	78
Im Büro	7
Öffentliche Bibliothek	1
Öffentlicher Wahlcomputer	10
Woanders	5

Der demographische Vergleich zwischen den Internetwählern und den konventionellen Wählern fördert interessante Ergebnisse zu Tage. Internetwahlen wurden eher von Männern als von Frauen und eher von Personen mittlerer Altersgruppen akzeptiert. Am auffälligsten sind die Unterschiede jedoch bei Einkommen und Schulbildung. Personen, die in Haushalten mit hohem Einkommen lebten, nahmen mit dreimal höherer Wahrscheinlichkeit als Personen aus der unteren Einkommensgruppe an Wahlen via Internet teil. Und auch die Schulbildung lässt bei den Arizona Primaries offensichtlich Rückschlüsse auf die Wahrscheinlichkeit der Teilnahme an einer Internetwahl zu: Mit höherer Bildung wuchs die Akzeptanz von Online-Wahlen.

Abbildung 5: Demographie für Internetwähler und konventionelle Wähler im Vergleich[25]

	Internetwähler	Normale Wähler
Geschlecht		
Männlich	52%	49%
Weiblich	43%	57%
Alter		
18-35	44%	56%
36-55	68%	32%
56-65	55%	45%
66+	33%	67%
Einkommen		
$0-$20.000	21%	79%
$20-50.000	45%	55%
$50-75.000	51%	49%
$75.000+	69%	32%
Bildung		
Kein Abschluss/Highschool	17%	83%
College	53%	47%
Universität	69%	31%

Im Wahlergebnis selbst zeigten sich nur geringe Unterschiede zwischen den Internetwählern und den konventionellen Wählern. Die Zustimmung zu den Kandidaten Gore bzw. Bradley entsprach im Wesentlichen den landesweiten

---

24 Quelle: http://www.azdem.org.
25 Quelle: Solop (2000).

Werten, die Zustimmung für Gore bei den Internetwählern lag minimal höher. Befürchtungen, Internetwahlen könnten radikalere oder grundsätzlich andere Positionen in das Ergebnis einbringen, haben sich zumindest für die Arizona Primary nicht bestätigt.

2.4 Weitere Projekte

Im Verlauf der letzten Jahre hat es neben diesen Versuchen noch einige andere Experimente mit Internetwahlen gegeben. Verschiedene technische Verfahren und Sicherheitsstandards wurden dabei erprobt. So wurde in Deutschland u.a. die Wahl zum Jugendgemeinderat der Gemeinde Fellbach auch als Internetwahl ermöglicht.[26] Dabei wurde auf den Einsatz von Chipkarten verzichtet. Mit Hilfe einer durch ein Trustcenter erstellten Transaktionsnummer war die Stimmabgabe von jedem normalen Browser aus möglich. Die dadurch erhoffte höhere Wahlbeteiligung blieb jedoch aus, es war sogar ein Rückgang von etwa 10 Prozent festzustellen. An der Fachhochschule Hannover[27] und der Berkeley University[28] (USA) wählten die Studierenden im Jahr 2000 die studentischen Vertretungen via Internet. Bei beiden Versuchen war die Beteiligung jedoch ausgesprochen gering.

3. Vorläufiges Fazit

„Vote in your underwear" – dieser Slogan einer amerikanischen Computerfirma scheint auf absehbare Zeit noch Zukunftsmusik zu sein. Die Entwicklung von Internetwahlen steckt noch zu sehr in den Kinderschuhen, als dass in naher Zukunft wichtige politische Wahlen im Netz realisierbar wären.

Die unterschiedlichen Verfahren, die ich in den Beispielen vorgestellt habe, befinden sich alle noch im Probstadium, wenngleich sie schon für weniger wichtige Wahlen verbindlich eingesetzt wurden. Bislang ist noch keines der Konzepte ausreichend getestet und genügend ausgereift.

Dennoch lassen sich Vor- und Nachteile der einzelnen Verfahren erkennen. Das in Deutschland verwendete ‚i-vote'-System ist durch die aus Sicherheitsgründen gebotene Bindung an Chipkarten mit digitalen Signaturen bislang praktisch noch nicht geeignet, um dem erhofften Ziel der höheren Wahlbeteiligung näher zu kommen: Der Installationsaufwand ist einfach zu groß. Aber so leicht, wie es sich ICANN und election.com bei der Wahl zum Direktorium gemacht haben, lässt sich mit dem Problem auch nicht umgehen.

---

26 http://www.fellbach.de/wahlen/infos/.
27 http://www.fh-hannover.de/hochschulwahlen/internet/.
28 http://istpub.berkeley.edu:4201/bcc/Spring2001/ebi.evoting.html.

Die Voraussetzung für eine Steigerung der Wahlbeteiligung und des Interesses an Wahlen liegt in der Ermöglichung der Stimmabgabe auf jedem handelsüblichen Computer mit Internetanschluss mit gängigen Browserversionen, ohne großen Mehraufwand bei der Installation. Die Verfahren von Safevote und election.com scheinen diesbezüglich deutlich praktikabler. Allerdings bezieht sich diese Bewertung auf die Wahl von zu Hause aus, am öffentlichen Terminal stellt das Installationsproblem kein ernstes Hindernis dar.

Trotz aller Anstrengungen der Entwickler, die verschiedenen Systeme im Sicherheitsbereich zu verbessern, ist die Gefahr eines groß angelegten Wahlbetrugs im Internet noch nicht gebannt. Auch bei der Benutzerführung steckt der Teufel vielfach im Detail, es werden immer neue Probleme erkennbar. Durch die zunehmend komplizierte elektronische Umwandlung und Verarbeitung der Wählerstimmen sind Manipulationen zudem wesentlich schwerer (womöglich sogar überhaupt nicht) zu enttarnen. Die Technisierung des Wahlverfahrens führt letztlich dazu, dass nur noch eine Hand voll Software-Entwickler in der Lage ist, das Wahlverfahren zu verstehen.

Folgt man dieser Logik, dann würde die Sicherheit des Wahlverfahrens beim Online-Voting gewissermaßen in die Hände der Entwickler gelegt, auf deren Garantien der Staat und die Wähler vertrauen müssten. Stimmenabgabe und -auszählung können nicht mehr durch Wahlhelfer kontrolliert werden und der Wähler kann letzten Endes weniger als im herkömmlichen Wahlverfahren nachvollziehen, ob seine Stimme auch gewertet wurde. Das könnte letztlich zu einer noch niedrigeren Wahlbeteiligung führen, da viele Menschen dem Internet ohnehin skeptisch gegenüberstehen. Der richtige Ansatz zum Ausweg aus diesem Dilemma ist die Entwicklung von Open-Source-Architektur. Nur dadurch kann die Transparenz erhöht und Vertrauen geschaffen werden.

Ein interessanter Trend zeigte sich bei den durchgeführten Pilotprojekten hinsichtlich des Wahlorts. In allen Fällen waren die Wähler bestrebt, wenn möglich, vom heimischen PC aus die Stimme abzugeben. Offensichtlich verbinden die Menschen die Gelegenheit via Internet zu wählen mit der Möglichkeit, die Wahl in der privaten Sphäre vorzunehmen.

Als großes Hindernis für die Erhöhung der Wahlbeteiligung durch Online-Wahlen erwies sich die Notwendigkeit zur vorherigen Registrierung der Wähler. Gerade in Deutschland, wo die Bürger seit langem daran gewöhnt sind, ohne eigenes Zutun die Wahlberechtigungskarten zugesandt zu bekommen, ist es sehr unwahrscheinlich, dass eine Motivation zur Registrierung erzeugt werden kann. Ein möglicher Ausweg wird bereits seit längerer Zeit in den USA diskutiert. Einige Bundesstaaten planen Führerscheine und ID-Cards in Zukunft mit Chips und digitalen Signaturen auszustatten, so dass diese als Identifikationsmittel bei Wahlen und Abstimmungen über das Internet dienen könnten. Ein Modell, dem auch die neuen Empfehlungen von Dieter Otten folgen.

Vermutungen, die Möglichkeit von Internetwahlen könnte Auswirkungen auf das Wahlergebnis haben, sind anhand der bisher durchgeführten Tests kaum seriös zu überprüfen. Die Untersuchungen zur Vorwahl der Demokraten in Arizona haben jedoch angedeutet, dass solche Effekte bestehen können. Die bekannte Hauptnutzergruppe des Internets, d.h. Personen jüngeren bis mittleren Alters mit höherer Schulbildung, nehmen mit signifikant höherer Wahrscheinlichkeit an Internetwahlen teil. Da Alter und Bildungsstand der Wähler in der Wahlforschung bekannte Einflussvariablen für den Ausgang der Wahlen sind, ist zu vermuten, dass eine tatsächliche Erhöhung der Wahlbeteiligung durch Internetwahlen auch eine Verschiebung der Wahlergebnisse zur Folge hätte.

Gerade in Bezug auf die politischen und gesellschaftlichen Auswirkungen von Online-Wahlen besteht noch erheblicher Forschungsbedarf. Das begleitende sozialwissenschaftliche Projekt zur Arizona Primary kann zur Erforschung dieser Zusammenhänge als wegweisend angesehen werden. Derartige Forschungen sind in Hinblick auf eine mögliche Einführung der Online-Stimmabgabe für Bundestags- bzw. Europawahlen auch in der Bundesrepublik erforderlich. Denn die allerorten angeführten Pro-Argumente – z.B. die Überwindung der Politikverdrossenheit und Stärkung der Demokratie durch Einführung von Online-Wahlen – bedürfen einer dringenden empirischen Untersuchung.

Eine wichtige Dimension ist in den bisherigen Pilotprojekten gänzlich unberücksichtigt geblieben. Das Internet bietet eine wichtige Plattform für politische Diskussionen und Meinungsaustausch. Gerade diese spezifischen Eigenschaften des Internets sollten in die Entwicklung elektronischer Wahlen einbezogen werden. So ist es denkbar und vielleicht auch wünschenswert, die Wahlen im Internet mit öffentlichen Diskussionsforen, Informationen der Parteien und Kandidaten zu verbinden. Internetforen wie beispielsweise „Democracy Online Today"[29] erfreuen sich großer Popularität und sind mittlerweile auch in der etablierten Politik anerkannt. Wahlen im Internet könnten zur Überwindung von Politikverdrossenheit und politischer Nichtbeteiligung beitragen, wenn das Wahlverfahren nicht nur auf das Internet übertragen wird, sondern die spezifischen Potenziale des Mediums gezielter einbezogen und genutzt werden.[30]

---

29 http://wwww.dol2day.com
30 Vgl. Bieber/Leggewie (2001: 43).

Literatur

Alvarez, R. Michael/Nagler, Jonathan (2000): The Likely Consequences of Internet Voting for Political Representation. Loyola Symposium, 1.11.2000.

Bieber, Christoph/Leggewie, Claus 2001: Interaktive Demokratie. Politische Online-Kommunikation und digitale Politikprozesse. In: Aus Politik und Zeitgeschichte 41/42, 37-45.

Buchstein, Hubertus (2001): Modernisierung der Demokratie durch e-Voting? In: Leviathan. Zeitschrift für Sozialwissenschaft 29, 147-155.

California Secretary of State Bill Jones (2000): California Internet Voting Task Force. A Report on the Feasibility of Internet Voting. http://www.ss.ca.gov/executive/ivote/final_report.pdf.

Caltech/MIT (2001): Voting – What Is, What Could Be. Report of the Caltech-MIT Voting Technology Project. http://www.vote.caltech.edu/Reports/index.html.

Kubicek, Herbert/Wind, Martin (2001): Elektronisch wählen. Unterschiede und Gemeinsamkeiten von Online-Wahlen zum Studierendenparlament und zum Bundestag. In: Verwaltung und Management 7, 132-141.

Landesamt für Datenverarbeitung und Statistik Brandenburg (2000): Bericht zur Personalratswahlsimulation via Internet. Potsdam. http://www.brandenburg.de/evoting/index.html.

Otten, Dieter (1999): Zwischenbericht des Projektes „Strategische Initiative: Wahlen im Internet" des Bundesministers für Wirtschaft und Technologie. Osnabrück. http://www.internetwahlen.de.

Raney, Rebecca Fairley (2000): After Arizona Vote. Online Elections Still Face Obstacles. The New York Times On-Line, 21.3.2000.

Solop, Frederic I. (2000): Digital Democracy Comes of Age in Arizona. Participation and Politics in the First Binding Internet Election. Präsentation vor der American Political Science Association, Washington DC, 31.8.-3.9.2000.

Autorenangaben

Prof. Dr. *Hubertus Buchstein* hat eine Professur für Politische Theorie und Ideengeschichte an der Universität Greifswald. Er hat eine Monographie und verschiedene Aufsätze zur Wahlrechtsgeschichte sowie Artikel zum Thema Demokratietheorie und Modernisierung der Demokratie durch neue Medien verfasst.
E-Mail: buchstei@uni-greifswald.de

Prof. Dr. *Herbert Kubicek* hat eine Professur an der Universität Bremen und ist Leiter der dortigen Forschungsgruppe Telekommunikation. Er hat in den vergangenen Jahren zu verschiedenen Themen auf dem Gebiet Internet und Politik publiziert und ist Mitglied mehrerer mit dem Thema befassten Kommissionen und Initiativen (so etwa der Initiative D21 der Bundesregierung und des Forums Informationsgesellschaft).
E-Mail: kubicek@informatik.uni-bremen.de

Nico Lange studiert Politikwissenschaft, Kommunikationswissenschaft und Informatik in Greifswald. Er ist als IT-Berater in Berlin und Greifswald tätig und arbeitet als Entwickler von Internet-Applications und Webdesigner.
E-Mail: N.Lange@itnet-consulting.de

Marc Mausch ist Mitglied des Landesvorstandes von Bündnis90/Die Grünen in Baden-Württemberg. Er hat den virtuellen Parteitag initiiert und durchgeführt. Beruflich ist er als Consultant und Projektleiter im Bereich E-Government tätig, zurzeit vor allem im Projektmanagement des MEDIA@komm-Projekts Esslingen. Er ist Autor und Co-Autor mehrerer Beiträge zum Thema E-Government, z.B. dem Memorandum E-Government der GI.
E-Mail: marc.mausch@gruene.de

Dr. *Harald Neymanns* ist Director Research bei politik-digital/pol-di.net e.V. Davor arbeitete er als Senior Consultant bei Cscout, Inc, in New York City. Er war wissenschaftlicher Mitarbeiter am Institut für Politikwissenschaft an der Universität Greifswald. Sein Buch „Verschlüsselung im Internet" ist im Herbst 2001 im Campus Verlag erschienen. Harald Neymanns ist Mitglied der Unterarbeitsgruppe 2.4 der Initiative D21.
E-Mail: hneymanns@politik-digital.de

Prof. Dr. *Dieter Otten* hat eine Professur für Soziologie mit Schwerpunkt Informatik für Sozialwissenschaften an der Universität Osnabrück. Er ist Direktor des Deutschen Instituts zur Erforschung der Informationsgesellschaft an der Universität Osnabrück und Leiter der Strategischen Initiative der Bundesrepublik Deutschland 'Wahlen im Internet'.
E-Mail: dieter.otten@uos.de

Oliver Rüß ist Dezernent für Wahlrecht und Organisation beim Landeswahlleiter, Landesbetrieb für Datenverarbeitung und Statistik (LDS), in Potsdam. Er ist dort als Jurist in den Bereichen von E-Democracy und elektronischen Signaturen tätig. Überdies arbeitet er an Internetwahlen und deren rechtlicher Rahmengebung in Deutschland mit. Das Vorhaben des LDS „Wahlen im Internet – Alternative für das 21. Jahrhundert" ist ein Projekt der Initiative D21 und eines der Preisträger des E-Government-Wettbewerbes 2000.
E-Mail: oliver_ruess@web.de

Dr. *Martin Wind* ist Mitarbeiter der Forschungsgruppe Telekommunikation an der Universität Bremen. In Zusammenarbeit mit Herbert Kubicek ist er maßgeblich an Projekten zum Multimediaeinsatz auf kommunaler Ebene beteiligt. Als Co-Autor fertigte er zuletzt für das Bundesministerium des Inneren eine Studie zur Einführung von Online-Wahlen an.
E-Mail: wind@tzi.de

MIX
Papier aus verantwortungsvollen Quellen
Paper from responsible sources
FSC® C105338

If you have any concerns about our products,
you can contact us on
ProductSafety@springernature.com

In case Publisher is established outside the EU,
the EU authorized representative is:
**Springer Nature Customer Service Center GmbH
Europaplatz 3, 69115 Heidelberg, Germany**

Printed by Libri Plureos GmbH
in Hamburg, Germany